タックス・オブザーバー

——当局は税法を理解しているのか

志賀　櫻
Shiga Sakura

エヌピー新書
1

はじめに

次のような質問に答えていただけないだろうか。

①日本の税制は、格差の是正に役立っているか。
②日本の所得税は、金持ちほど税金を多く支払う累進構造になっているか。
③日本の税務行政は、公平で正確か。
④日本国政府は、公平・公正に徴税し、そのおカネを国民のために使っているか。

おそらくこれらの何れについても「ノー」という答えが頭に浮かぶのではなかろうか。驚くべきことに、その「ノー」という答えはいずれも全く正しいのである。

毎年の税制改正は、納税者の知らないところで、利権がらみで、密室で作られている。密室の中では、国民の間で格差が拡大しないようにとか、公平・公正な分配を行おうなどと考えている関係者はほとんど全くいない。壊滅的にいない。いかにパイのかけらを少しでも多くぶんどるかということしか考えない輩《やから》が群がっている。

多くの納税者は何を言っても仕方がないととっくに諦めていて、関心を示すこともしない。そして自分たちの納めた税金が何に使われているかについて、知ることも考えることも諦めてしまっている。なかには、日常生活を送るうえでどんな税をどこへ納めているのかさえ無意識なこともある。例えば、消費税を買い物の時に支払うが、その内訳は国税と地方税に分けられていることを知る納税者はどれくらいいるだろうか。

諫早湾干拓工事のように、地裁と高裁が全く別の判断を示さなければならないような事業が行われている。裁判所の判断さえ分かれるような事業に税金を注ぐことそのものが、そもそも正しい判断だったのだろうか。

ここでも納税者は、自分たちが何を言っても仕方がないと諦めている。

ことは税だけではない。社会保険料の負担は低所得者層にも容赦なくふりかかって来る。多くの家計では社会保険料の方が、所得税と消費税の合計額よりも多い。おまけに支払済みの年金の記録がどこかに行ってしまったなどという文明国では考えられないあほな事態が引き起こされている。

羊のようにおとなしい納税者は、かくして踏んだり蹴ったりである。このような有様であると、納税者の側に、国家・政府に対する信頼感が生まれるはずもない。

日常の税務の現場に行ってみよう。税務署の職員は、税法が複雑になり過ぎているから読んでも理解することができない。だから税法の条文などは見たことさえない。税務大学校でも税法は教えないで、課税のテクニックしか教えていないから「課税要件」という概念さえ知らない。現場では勘と正義感を頼りに、業績を上げることだけしか考えていない。

平成23年の税制改正で、処分をするときは理由を書きなさいということになった。これを「理由附記」という。税務署では、「理由附記の教育などは受けていないから、そんなことはできない。もう現場の一線には出たくない」と言い張る職員まで見かけるようになった。新規採用者を税務大学校で教育する国税庁の責任は重い。

職員がこの程度であると、納税者の側では、国税行政に対する信頼感などはあるはずもない。

ある国税庁長官は、「迷ったら課税しろ。もめて裁判になったら国税庁でしっかりサポートする。後のことは心配しないでいい。」と公式の訓示で言い放った。最高裁の事務総局では、国税庁長官がそんなことを言ったと聴いて、椅子からころげ落ちんばかりに驚いたと聴いた。それまでは、「国税のやることだから、そんなに無茶はしないだろう。裁判になって、よく分からないところがあっても、国税を勝たせておけば、大間違いをすることはないから、心配はないだろう。」と思っていたからだそうである。

ここのところ、国側が敗訴する大がかりな租税事件が新聞紙上で見られるようになっているが、因果関係があるのかも知れない。

最大の問題は、日本の税制は、所得の再分配にはほとんど貢献していないということである。特に、所得税は、その累進構造によって所得の再分配機能を果たすことが期待されているにも拘わらず、日本の所得税は、合計所得金額がちょうど1億円に達したところから、逆進的になる。かつては1億総中流といい、分厚い中堅層が日本経済の強みであると言われていた。いまでは誰もそのようなことは言わない。

税は所得再分配機能を果たしていないし、社会保障制度が果たしている再分配機能も「金持ちから貧乏人へ」という方向の再分配ではない。現役世代が高齢世代に所得移転をしているというだけのことである。国民年金制度が崩壊の危機に瀕しているのも当たり前のことである。

再分配は、税と社会保障を一体でやらなければうまくは行かない。与党税調も政府税調もそのような権限は与えられていないから、一体で考えることに対して敵意をむき出しにする。

本書は、冒頭に掲げた4つの質問についての回答である。一気にばっさりと改めることができる解決策がないわけではないが、ただちに実現することは難しい。しかしながら、税制と執行と社会保障がかくも惨憺たる有様になっていることを、納税者の各人が知って声を上げるところから始めないことには、なにも起こらない。いつまでも「羊のようにおとなしい」ということであってはならない。日本国の惨憺たる現状は、納税者がおとなしいのが原因であるというぐらいの自覚は持ってもらってもよいのではなかろうか。

志賀　櫻

目次

目　次

第1章

国税通則法の改正と国税調査

1　国税調査の方法

結論を最初に言うが、最近の国税の調査は、法に従わない無茶な課税が多い。その結果として、善良かつ誠実な納税者の納税意欲を削いでしまっている。財政状況が悪化しているし、公務員に対する風当たりも強く、調査官の不満が溜まっているということも分からないではない。

しかしながら、納税者が税金を支払うことに納得感を持てず、そのことが、調査担当者の「増差所得を大きく稼げれば昇進できる」「さっさと修正に応じてくれそうなところで件数稼ごう」という態度に原因があるのだとすれば、日本の徴税システムを破壊しているのは国税職員だということになるのだから、重大である。

この問題の根っこには国税庁の職員教育、特に新人研修の問題がある。

即ち、研修に際して、法規範を特定し、事実を証拠に基づいて認定し、事実を法規範にあてはめるという法律学の基礎（法的三段論法）を教えていないことが根幹にある。そもそも税務大学校では租税法を教えておらず、証拠に基づく証拠の認定の方法も教えていない。

調査や審理について、増差所得だけを目的として、その租税法上の根拠を特定する努力をしようともしないことは日常的に目にする。

国税通則法の改正によって、理由附記が原則的な義務となる規定が入ったときに、大多数の国税職員が驚いたという驚くべき事象があった。理由附記の導入にむけて全国を縦断して研修がトップダウン方式でされた。このようなことも、国税庁の基礎教育の欠如の例証であって、あながち個々の国税職員を責めることはできない。

ある異議申立事件の異議決定書に、金子宏『租税法・第18版』（弘文堂）の112ページの記述を理由として、「租税法規範については文理解釈のみが許されるのであって、趣旨解釈は文理解釈のできないところでのみ許されるし、限定解釈も許されない」という主張があった。

いたく不審に思って同書を見ると、原文の記述は、「租税法は侵害規範である」から、「みだりに拡張解釈や類推解釈を行うべきでない」という言明があるだけであった。即ち、納税者の権利侵害となる方向での「拡張解釈や類推解釈」を禁じている記述であって、「限定解釈」を禁じているわけではない。そもそも、限定解釈という言葉は出てこない。

要するに国税職員は、金子教科書の記述を全く誤解して読み間違えているに過ぎないのであった。しかも、この誤読は当該事件に限られている訳ではなく、同種の異議決定書、裁決、裁判における準備書面にも見られることが分かった。

この程度のレベルで法律論を展開しているつもりになっているのでは、納税者はたまらない。

裁判所も税法には馴染みがない面があるから、国税側の主張がよく分からないままに、国勝訴としておけば取りあえず安全であるとする安直な判決を下す傾向がある。

タックス・ヘイブン対策税制についての東京高等裁判所平成25年5月29日判決（確定）のような、常識に沿った解釈論を展開する判決が続くことを望みたい。

ちなみに、金子宏『租税法』の該当箇所は、国税職員の誤用を案じたのか、第19版では記述が改められている。

2　不服申立制度

平成23年（2011年）12月の国税通則法の大改正では、理由附記、事前通知などの課税に関する規定が整備された。その結果として、理由附記等の事務負担が増大したため、実調率がそれまでの7割程度まで下がったことがメディアにも大きく取り上げられた。

米国では、日本の国税庁にあたるIRS（内国歳入庁）の執行が荒っぽくて大変に不評であったため、1998年にIRS改革法（第3次納税者権利憲章）が成立して、IRSの大改革が行われた。

この時には、組織の大変更があったために、IRSは2年間にわたって機能麻痺を起こしたという。このことはチャールズ・O・ロソッティ『巨大政府機関の変貌――初の民間出身長官が挑んだアメリカ税務行政改革』（2007年、大蔵財務協会）という書物にもなった。著者のロソッティは、その時のIRSの長官であり、初の民間出身長官である。

日本の国税通則法の改正であれば、実調率のこの程度の低下は想定内のことである。しっかりした事実認定をして正しく法令をあてはめる、というきわめて当たり前のことについて、教育訓練ができていなかった今までが異常なのであって、「過ちを改めるに憚ること勿れ」であろう。すべては、国税庁の教育方針の誤りである。

さて、平成23年の改正では、国税通則法改正の後半部分である不服申立制度については先送りとされた。これは行政不服審査法の全文改正を待って平仄を合わせるという名目によるものであった。行政不服審査法の全文改正は霞が関のサボタージュによって遅滞していたが、なんとか平成26年に成立した。国税通則法の不服申立制度の改正は、その整備法と年次税制改正法の２本立てによって行われる。

この「整備法による」という点は実は問題である。改正の内容が整備法の枠内に限定されてしまうこととなるし、整備法の成立も行政不服審査法の全文改正法の成立に依存してしまうことになるからだ。

例えば、従来は「異議申立て」という名称であったものが「再調査の請求」となる点などは行政不服審査法の全文改正に引きずられてのものである。考えてみればすぐ分かるように「再調査の請求」などと言えば、「不服があるならば処分庁に『もう一度税務調査に来て下さい』と言え」といわれているかのごとき印象を与えて、萎縮効果を持つであろう。

不服申立制度の改正の具体的内容は、次のとおりである（施行は平成28年を予定）。

（1）2段階不服申立前置主義を、1段階前置とする。これにより、納税者の選択によって、再調査の請求（現行の「異議申立て」）は飛ばして、いきなり国税不服審判所に対して審査請求ができることとなる。選択的に再調査の請求をしてもよい。
（2）不服申立てをするについては、その期間制限を現行の2か月から3か月へと延伸する。
（3）従来は認められていなかった謄写ができることとなる。
（4）通則法97条関係で、担当審判官が職権で収集した資料について、従来は認められていなかった閲覧（および謄写も）ができることとなる。
（5）審査請求人の処分庁に対する質問、審理手続の計画的遂行等の手続を整備する。
（6）通則法99条関係についてであるが、「国税庁長官は、国税不服審判所長と併せて国税審議会に諮問することとする。」という新しい仕組みが導入される。
（7）その他。

では、その中身を見ていこう。
（1）2段階不服申立前置主義が1段階前置選択となる点であるが、当初の目標は不服申立てなしにいきなり直接に裁判所に訴えを提起することであった。

ただし、これには裁判所が明示で反対している。弁護士会館で行政部の部長裁判官が講演を行った際にも、行政部内で前さばきをしてもらわなければ、租税事件は手に負えない旨の明言があった。

米国でも、不服前置は法律上のものではないけれども、実質的には租税裁判所（USタックス・コート）は、直訴案件についてはIRSアピールズと呼ばれる不服審査部門に送付する。法文上は、referである。USタックス・コートは租税専門の裁判所（特別裁判所ではなく通常の司法裁判所の第一審である。）であるが、そこでさえ行政部門のIRSアピールズが前さばきを事実上しているのであるから、そういう意味ではあながち不当とは言えないであろう。

ただ、USタックス・コートの裁判官は19名しかおらず、裁判所もワシントンにあるだけで、全米各地には出張して行って1日に200件ほども処理してしまうので、参考になるかどうかはやや疑問である。判事が幌馬車でたまに巡回して来る西部開拓史の裁判のようなイメージでもあるからだ。

（2）不服申立ての期間制限を現行の2か月から3か月へと延伸するのは有り難いが、

再調査の請求（現行の異議申立て）を経てから国税不服審判所へ審査請求に行くルートを取る場合の、審査請求までの期間制限の1か月というのは延ばしてもらいたい。

（3）従来は認められていなかった謄写ができることとなったが、これまでは謄写が認められないなどという馬鹿馬鹿しい制度であったことがそもそもけしからんことであった。こちらが手書きやＰＣで筆写している間、審判官と審査官が交代で立ち会って、手持ちぶさたで退屈そうに全く何もしないで座っているわけである。こういうことをやりながら調査人員が足りないなどというセリフを言う資格は、当局や御用学者にはない。

（4）97条関係では、担当審判官が職権で収集した資料についても閲覧・謄写ができることとなる。これはおおむね評価するが、これまで閲覧謄写が認められなかったこと自体が問題だったのである。

それもしかも条文の根拠があって閲覧を認めないのではない（条文があったとしても憲法31条違反であろう）。審判所に対し、担当審判官が収集した証拠を閲覧したいと要求しても次の理由で拒否される。①行政不服審査において、証拠を相互に提示して反対尋問にさらすことを前提としていないし、職権で収集したものを当事者に示すことを予定していない。②96条1項の規定に基づく原処分庁の証拠提出のあとの2項に閲覧の規定があり、職権収集は97条として96条のあとにあるから対象としないと解される――。これは、全国のどこの支部・支所においても、同じ回答がされてきた。

裁決が下されるのに、当事者には、裁決がよって立つ証拠の中身は分からないなどというのは、カフカの『審判』の世界であって、文明国ではあり得ない不条理が罷り通っていたわけである。これについてはさらなる大問題があることが判明しているので、この後で取り上げる。

(5) 審査請求人の処分庁に対する質問、審理手続の計画的遂行等の手続規定の整備を行った点は、これが対審構造への一歩の近づきであれば評価したい。

全体的な問題の所在としては、基本的に審判所の審理手続を「対審構造」にできるだけ近づけるということである。例えば、もともとの日弁連等の要望には、「納税者に適正手続を保障するために、不服審査手続において、全件同席主張審理の導入、処分庁担当者の出頭義務・回答義務を明定するなどして、対審構造を確保する。」というものがあった。

実際の経験であるが、同席主張説明の際に、国税局の審理の人間が、ある証拠を審判官に提出するかどうかについて、「審判官から97条の職権で提出を求めてくれ。」などと言っているケースがあった。幸い担当審判官が民間採用の弁護士だったので「ばかも休み休み言え。」と一蹴してくれたのであるが、国税局の審理のレベルがこの程度であるから恐れ入ってしまう。

相互に証拠を提出して攻撃防御を尽くしてこそ真実に至るということが当事者主義であり、適正手続保障の根本である。

そのような手続保障の意義すら理解しない法律家としてはアマチュア以下の国税職員は、全員再教育が必要である。国税庁の責任は重い。今のままのやり方では、誠実で善良な納税者をどんどん敵に回していくばかりである。

税大で教官が、法律の基礎を教えずに、税収をあげる方法論ばかり講義しているからこういうことになる。

民間採用の審判官が増えていることには色々と評価はあろうが、全体として見ればいい方向に進んでいる。できが悪いので就職先がなく仕方なく審判官に応募しているような弁護士もいなくはないし、税理士には審判官になれば箔が付くと思って応募している向きも見かけるが、これは不心得であろう。弁護士、会計士、税理士は、特に、証拠の正しい評価による事実の正確な認定とそれに対する法の適用による結論の導き出しという法律学の基礎となる方法論の手順を良く理解して、国税職員の啓蒙に当たらなければならない。

今の国税行政は、法治国家のそれとは到底言えない。国税庁は、考え方を根本的に改めて、職員の教育と研修に総力を挙げて取り組むべきである。

（6）次に通則法99条関係についてであるが、国税庁長官の法令解釈と異なる解釈等による裁決をするときは、国税不服審判所長は、あらかじめその意見を国税庁長官に通知しなければならないこととなる。そして、国税庁長官は、国税不服審判所長の意見を相当と認める一定の場合を除き、国税不服審判所長と併せて国税審議会に諮問することとし、国税不服審判所長は、その議決に基づいて裁決しなければならないこととなる。99条は、国税不服審判所の機能不全の元凶であったような面がある。法の整備だけでは「仏作って魂入れず」となるので、執行を見て行く必要がある。

3　通則法97条改正の欠陥と今後の課題

平成23年12月の国税通則法の改正は、納税者の適正手続保障に関する改正の、前半部分である。後半部分の不服審査関係の国税通則法の改正は平成26年に成立した。

このうち、通達と異なる解釈により国税不服審判所長が裁決をする場合のルールを定めた同法99条関係の改正は、26年度の年次税制改正法によるものである。

99条関係以外の改正については、行政不服審査法の全文改正と合わせて行われる。平成26年の通常国会では、①行政不服審査法の全文改正案、②それに伴う整備法案、③関連する行政手続法改正案——の3点セットが提出され、99条関係以外のものの国税通則法改正事項は、この②の整備法案によって行われる。

ところで、97条の改正内容の問題であるが、97条は、担当審判官による職権による質問調査権を定める条項である。通則法の改正前は、97条による職権収集証拠については、理由とも言えない程度の理由（職権による調査は公開の手続きではないからというものである。）によって、審査請求人は、閲覧も謄写も出来ないことになっていた。即ち、納税者は国税不服審判所長が何を根拠にどのような判断をしたかを知らされる権利を有していなかった。カフカの『審判』では、主人公のヨーゼフ・Kは自分が何の罪によって裁判を受けているのかを知らせてもらえない。従前通用していた97条の解釈論はこれと同等であって、適正手続保障を論じるレベルにも達しない状態であった。これは大きな欠陥であった。クロス・エグザミネーションによるテストを経ていない証拠には証拠能力がないということは、およそ紛争解決手続における大原則である。

このような97条の欠陥が改められることは結構なことであるが、ところが実際の条文を見ると、まだ重要な欠陥がひとつ残っていることが判明したのである。97条関係は、テクニカルではあるが、今後の改正がさらに必要な事項であるから、ここで特に取り上げる。

改正後の97条では、その1項1号で請求人、原処分庁その他に対する担当審判官の質問権を定め、2号で帳簿書類その他の物件についての提出及び留置きについて定めている。そしてこれらの閲覧・謄写権については、新設の97条の3第1項が定めることになる。

ところが、同項によると閲覧・謄写権の対象は、97条1項2号の書類その他の物件に限られており、97条1項1号の質問権によって担当審判官が作成した文書等は、閲覧の対象からさえも外されている。閲覧が認められないから謄写が認められないのはもちろんである。

実務の実際では、審判所の審理過程において最も重要な証拠資料は、担当審判官が職権で質問権を行使した結果を調書としてとりまとめた文書なのである。これら文書の例を具体的に挙げるとすれば、質問調書、調査報告書、電話録取書、面談記録などである。そして、質問調書その他の担当審判官の作成する97条関係文書は、審理から裁決に至る過程において最重要の証拠資料である。

これを少し詳しく見よう。審判官が判断をするに当たり、「調査報告書」は主に、直接証拠がない場合において間接的な事実を積み上げて「これらの事実から総合的に判断するとこのようである」という事実の認定をする際に作成されるものである。そして、「質問調書」は、審査請求人だけでなく、審査請求人以外の第三者に対しても聴取して作成される。これは事実の認定をするためには、原処分庁が提出する証拠では不十分である場合が多いからである。その作成の方法としては、審判所が欲する証拠となるように、一問一答の形式で作成し、読み聞かせて印鑑を求めるものである。そして、答えに記載されている内容は、基本的に審判所の用意している結論に沿ったものになっている。

請求人面談で作成する「質問調書」は比較的早い時期に作成される。通常、審査請求人が「閲覧申請」をして担当審判官が用意した書類の閲覧をする時期は、主に請求人面談がされるとき（審理が開始されて約1か月）に近接している。ところが、多くの証拠資料が作成されるのは審理の終盤になる。そして、実務では、閲覧申請が認められるのは、代理人が変更する等の理由がなければ原則1回とされている。すなわち、閲覧請求が実施される時期及び回数は、担当審判官の判断によって決定される。

これら質問調書、調査報告書、電話録取書、面談記録などが、このような時間的先後関係という理由だけで結果的に閲覧・謄写の対象から除外されてしまうのであれば、当事者は審判所の判断根拠を知ろうとしても、中核的な証拠資料を見ないままで終わるということになる。

このような重大欠陥は、今後の課題として、改正されるべきである。具体的な修正案としては、次のようなものとすべきである。

即ち、国税通則法第97条の3の1項中『第97条1項2号（審理のための質問、検査等）の規定により提出された書類その他の物件』とあるのを『第97条1項1号（審理のための質問、検査等）の規定による質問により作成された書類及び2号の規定により提出された書類その他の物件』と修正すべきである。

要するに、裁決書において認定された事実及び判断の透明化を図るために、①担当審判官が作成した質問調書等の証拠を閲覧謄写できるようにすること、及び、これに加えて②担当審判官が、どの段階でどのような物件を証拠化したかが明らかになるようにすること、の2点について法を改正することは致命的に重要である。

②については立法技術的に難しいところであるが、審理が進む過程において、担当審判

官が職権で収集する証拠及び作成した調書について、いつ、誰に対して質問調査権を行使したか、調書が作成されたのか等について、審査請求人は知るすべがない。刑事の場合における証拠開示手続のような手続の整備がなされなければ、カフカ的状況は改まらない。

4 税務調査と行政指導――ハイブリッド調査という名の脱法行為

最近の国税の調査は、法に従わない無茶な課税が多いと冒頭に述べた。再び、調査手続き関係に戻る。最近において、税務行政の現場においては、平成23年に整備された適正手続保障規定の迂回を図ろうとする状況が見受けられる。これは、手続保障が厳格になった分だけ実調率が下がるという懸念に対処するためのものである。

この状況の概略を見てみよう。

法改正の後の平成24年9月12日付の「調査手続の実施に当たっての基本的な考え方等について」（事務運営指針）では「調査と行政指導の区分」が冒頭に掲げられている。また同じ日付で発遣されたいわゆる「調査通達」では、「調査」の意義について「特定の納税義務者の課税標準等又は税額等を認定する目的その他国税に関する法律に基づく処分を行う目的で当該職員が行う一連の行為（証拠資料の収集、要件事実の認定、法令の解釈適用など）をいう」と定義づけた上で、1－2（「調査」に該当しない行為）において、自発的な見直しを要請する行為などを列挙している（次表参照）。

（1）提出された納税申告書の自発的な見直しを要請する行為で、次に掲げるもの。

イ　提出された納税申告書に法令により添付すべきものとされている書類が添付されていない場合において、納税義務者に対して当該書類の自発的な提出を要請する行為。

ロ　当該職員が保有している情報又は提出された納税申告書の検算その他の形式的な審査の結果に照らして、提出された納税申告書に計算誤り、転記誤り又は記載漏れ等があるのではないかと思料される場合において、納税義務者に対して自発的な見直しを要請した上で、必要に応じて修正申告書又は更正の請求書の自発的な提出を要請する行為。

（2）提出された納税申告書の記載事項の審査の結果に照らして、当該記載事項につき税法の適用誤りがあるのではないかと思料される場合において、納税義務者に対して、適用誤りの有無を確認するために必要な基礎的情報の自発的な提供を要請した上で、必要に応じて修正申告書又は更正の請求書の自発的な提出を要請する行為。

（3）納税申告書の提出がないため納税申告書の提出義務の有無を確認する必要がある場合において、当該義務があるのではないかと思料される者に対して、当該義務の有無を確認するために必要な基礎的情報（事業活動の有無等）の自発的な提供を要請した上で、必要に応じて納税申告書の自発的な提出を要請する行為。

（4）当該職員が保有している情報又は提出された所得税徴収高計算書の記載事項の確認の結果に照らして、源泉徴収税額の納税額に過不足徴収額があるのではないかと思料される場合において、納税義務者に対して源泉徴収税額の自主納付等を要請する行為。

（5）源泉徴収に係る所得税に関して源泉徴収義務の有無を確認する必要がある場合において、当該義務があるのではないかと思料される者に対して、当該義務の有無を確認するために必要な基礎的情報（源泉徴収の対象となる所得の支払の有無）の自発的な提供を要請した上で、必要に応じて源泉徴収税額の自主納付を要請する行為。

なお、事務運営指針も調査通達も、平成26年4月3日に改定されており、引用は改訂後のものであるからご注意ありたい。

納税申告書の記載ミスなどの自主的な補正を要請する（1）はともかくとして、1－2（「調査」に該当しない行為）の例示の5つの項目のうちの（1）以外の4項目のほとんどが、実質的には「質問検査権」の行使に当たるものである。これらについて、行政指導の名を借りて課税処分を目的とする調査を行うことは、端的に言って脱法行為である。実際に、税務の一線では、「行政指導」の形をとった、納税者への接触が各地で進められているとの報告が入っている。電話による問い合せと来署依頼である。

このような調査手法は、現在では「ハイブリッド調査」などと呼ばれている。

特に、来署依頼の文書には、いずれも「この文書による行政指導の責任者は表記の税務署長です」との記載がなされている。そしてとりわけ重要なのは、「上記の期限までに、出署いただけない場合には、調査を実施する場合があり、この調査の結果、申告内容を是正することになったときは、過少（無）申告加算税が課されることがあります」との警告が付いていることである。この警告は全国でほぼ同一であるから、各税務署長の裁量というよりも国税庁の指導に基づくものであろう。

行政指導と言いつつも、従わないときは税務調査や課税処分による不利益がある、ということによって強制をしている形となる。だが、このことは行政手続法32条（行政指導の一般原則）の2項「行政指導に携わる者は、その相手方が行政指導に従わなかったことを理由として、不利益な取扱いをしてはならない」との規定に抵触するものである。

税務に関する行政指導には、行政手続法の適用がある。この規定の趣旨は遵守が要求されるべき行政指導一般についての基本原則である。

税務当局は「納税者の権利保護」の見地から立案された国税通則法改正の考え方の原点に立ち返るべきであって、税務行政において行政指導の名を借りた脱法行為をするようなことがあってはならない。

第2章

租税争訟の実際

1　租税争訟あれこれ①

租税訴訟を多く手掛けているが、法廷での期日のたびに、被告である国側は被告席に山のように人数を繰り出してくる。多いときは10人くらいがぞろぞろと来る。

筆頭の指定代理人だけは訟務検事であるが、残りは国税の訟務官か東京法務局に出向させた国税職員、事件を担当した審判所の支部の法規審査部門の審判官（判事補クラス）と同部門の担当審査官である。ぞろぞろと現れて、ぞろぞろと帰って行くが、特に法廷で何かをするというわけでもない。全くのマン・パワーと税金（交通費は税金でまかなわれている）の無駄遣いのように見える。

もっとひどい場合には、証人尋問をするときに、国税職員を駆りだして傍聴席を満席にする。意味不明の行動であるが、どうも納税者側の証人を威圧しようという作戦らしい。こういうことをやっていて、定員が足りないだの実調率が30％も下がったなどということがよくも言えたものだと感心する。ＯＢの名誉教授も、気をつけて見ていて、こういう愚行を改めるように国税を指導すべきではなかろうか。

更正の請求の期間制限はもともと1年であった。平成23年11月30日成立、12月2日公布の国税通則法の大改正によってこれが5年になった。従来は、更正の請求の期間制限を過ぎてから減額更正の請求をする場合、税務署側は納税者が提出する文書に『嘆願書』という題をつけさせていた。それに従わなければ受け付けないというのである。受け付けてもらえなければ困るから、みなこれに従わざるを得ない。江戸時代のお代官様が、民百姓に嘆願をさせるかのごとき、上から目線であった。この点については、政府税制調査会の納税環境整備小委員会で徹底的に糾弾した。財務省・国税庁側の出席者は全員下を向いて、声も出ない有様であったし、さすがに東大と早大の御用学者も沈黙を守っていた。

納税環境整備小委員会で国税側が論難されたもうひとつのことは、「国税不服審判所の瑕疵ある裁決」であった。国税不服審判所は、主要な裁決については、ホームページにアップする。これが「公表裁決事例」である。しかしながら、公表裁決の背後には、到底公表などはできないようなお粗末な裁決のかたまりがある。これを「瑕疵ある裁決」という。国税不服審判所における審理が、当時はあまりにも偏頗であったから、この点が批判の対象とされたのである。

近時は、国税審判官の半数が民間からの採用とすることを目標にしており、弁護士や優秀な税理士が審判官を務めるようになって、かなりの程度において改善が見られているのかも知れない。「国税不服審判所で議論した方が、税法を理解しているとは言えない裁判所よりもよっぽどましだ」と言う弁護士さえいる。ただし、この問題を不服前置強制主義と関連して理解してはならない。不服前置かどうかは、納税者の選択によればいいからである。

2　租税争訟あれこれ②

納税環境整備小委員会の議論について数多（あまた）あるエピソードの白眉は、「修正申告の勧奨に応じて修正申告をした場合に、後で考え直して減額更正の請求をすることが出来るかどうか」という問題であった。

国税通則法74条の11第3項には、「当該職員は、当該納税義務者に対し修正申告又は期限後申告を勧奨することができる。この場合において、当該調査の結果に関し当該納税義務者が納税申告書を提出した場合には不服申立てをすることはできないが更正の請求をすることはできる旨を説明するとともに、その旨を記載した書面を交付しなければならない」とある。財務省の原案では、「この場合において、当該調査の結果に関し当該納税義務者が納税申告書を提出した場合には不服申立てをすることはできない」というところで、とどめられていた。

修正申告であったとしても、これは申告であるから減額更正の請求をすることは理論的に当然の結論である。従前、これを認めることができないという解釈論が通用していたが、それは法文の解釈によるものではなく、実際は更正の請求の期間制限が１年であったことに伴う結果であった。要するに誤った解釈であったのだ。

平成23年11月30日に成立した国税通則法の改正によって、更正の請求の期間制限が５年に延びたことによって、期間制限が短すぎたことが問題の所在であることが明らかになった。そこで当局は、修正申告の場合における減額更正の請求を禁じようとした。ところが、この試みは与党首脳によって見事に転覆されて、現行のような条文となったのである。大綱の文章と現行の条文との違いを見比べてみるとおもしろいであろう。

また74条の11の調査終了の手続についての規定のうち、６項は、終了後に新たに得られた情報に照らして非違があると認めるときに質問検査等を行う場合についての規定である。

この6項の原案では裁量の余地がはなはだ広く、ほとんど調査終了の手続の規定をおいた意味がないような代物であった。これを良しとしない与党首脳が自ら筆を執って修正を加えたものが現行条文である。さらに、行政府の一員でありながら閣議決定に反する内容の根回しをした形跡もある。これを聞いた与党首脳が、呼びつけて面罵してやめさせたという話も聞いた。

計算センター機関誌に野党幹部の国会議員による「納税者に人権はない」などという発言が掲載されたりしたこともあったが、これは誤記であろう。納税者の権利と議会制民主主義とは相互に密接に関連するからだ。

三党合意によって、国会で国税通則法改正が成立したのは、平成23年11月30日であった。23年度の年次税制改正法は、数次にわたって成立した。ねじれ国会のためだった。

通則法改正案を年次税制改正法案から切り離すという案も初期の頃にはあった。これは、年次改正法案と切り離して審議入りさせないという意図だったというコンスピラシー・セオリーがある。

3　大島訴訟を考える①

日本の租税判例史上、最重要判例に挙げられる「大島訴訟」について考えてみる。大島訴訟とは、最高裁判所の大法廷による昭和60年3月27日の判決で、「サラリーマン税金訴訟」などとも呼ばれている。上告人は同志社大学の大島正教授（当時）。それで大島訴訟という名前がついている。

大島氏は大学教授としてサラリーマン（給与所得者）である。給与所得者の給与所得には、所得税法上は給与所得控除が認められるのみである。大島氏は、給与所得者が事業所得者のように必要経費控除が認められないのは、憲法14条1項の定める平等原則に違背して違憲無効であると主張した。厳密に言うと、そのほかにも給与所得と他の所得で所得の捕捉率に格差がある点や、他の所得者にはさまざまな措置があり、これに比べると給与所得者は不公平な税負担を負わされているなどの不平等も主張されている。判決は重要な内容を含む。丁寧に見てみよう。

「租税は、国家が、その課税権に基づき、特別の給付に対する反対給付としてでなく、その経費に充てるための資金を調達する目的をもつて、一定の要件に該当するすべての者に課する金銭給付であるが、およそ民主主義国家にあつては、国家の維持及び活動に必要な経費は、主権者たる国民が共同の費用として代表者を通じて定めるところにより自ら負担すべきものであり、我が国の憲法も、かかる見地の下に、国民がその総意を反映する租税立法に基づいて納税の義務を負うことを定め（30条）、新たに租税を課し又は現行の租税を変更するには、法律又は法律の定める条件によることを必要としている（84条）。

それゆえ、課税要件及び租税の賦課徴収の手続は、法律で明確に定めることが必要であるが、憲法自体は、その内容について特に定めることをせず、これを法律の定めるところにゆだねているのである。思うに、租税は、今日では、国家の財政需要を充足するという本来の機能に加え、所得の再分配、資源の適正配分、景気の調整等の諸機能をも有しており、国民の租税負担を定めるについて、財政・経済・社会政策等の国政全般からの総合的な政策判断を必要とするばかりでなく、課税要件等を定めるについて、極めて専門技術的な判断を必要とすることも明らかである。したがつて、租税法の定立については、国家財政、社会経済、国民所得、国民生活等の実態についての正確な資料を基礎とする立法府の政策的、技術的な判断にゆだねるほかはなく、裁判所は、基本的にはその裁量的判断を尊重せざるを得ないものというべきである。そうであるとすれば、租税法の分野における所得の性質の違い等を理由とする取扱いの区別は、その立法目的が正当なものであり、かつ、当該立法において具体的に採用された区別の態様が右目的との関連で著しく不合理であることが明らかでない限り、その合理性を否定することができず、これを憲法一四条一項の規定に違反するものということはできないものと解するのが相当である」

有斐閣の「租税判例百選」の各版に、筆頭事件として金子宏東京大学名誉教授による解説がなされている。わが国の租税判例史上おそらく最も重要な判例だからである。

上記に見た判決の判示には、憲法上の重要問題が含まれている。そしてそれらについては憲法上の価値判断としてはいくつもの誤った判断がある。大島訴訟の判決がその後の租税訴訟に多大な影響を与えて、納税者の権利利益の保護を阻害してきた。これは大問題である。

マグナ・カルタの第12条や、これを下敷きにアメリカ独立革命でスローガンとなった「代表なければ課税なし」のように、税制と民主主義の成立には歴史的にも密接な関連がある。それにもかかわらず、大島訴訟の判決で大法廷は、「課税要件及び租税の賦課徴収の手続は、法律で明確に定めることが必要であるが、憲法自体は、その内容について特に定めることをせず、これを法律の定めるところにゆだねているのである」と述べてしまった。

明治憲法における「法律の留保」という文言は、法律で定められてさえいればその中身は何でも良い、というものであった。これを憲法学では『形式的法治主義』という。最高裁の言っていることは、はなはだ素朴であって、明治憲法的な『形式的法治主義』であるに過ぎない。

『形式的法治主義』の反対の考え方は、『実質的法治主義』である。『実質的法治主義』は、英米法の文脈における『法の支配』（ルール・オブ・ロー）と同等のものであるということが言われている。このルール・オブ・ローの概念は極めて多義的であるが、長谷部恭男『比較不能な価値の迷路』（２０００年、東京大学出版会）によれば、最も広義では近代立憲主義と同内容のものであるとされている。『実質的法治主義』というにせよ、『法の支配』と説明するにせよ、その内容は日本国憲法の体現する近代立憲主義である。

そうすると、大島訴訟における最高裁大法廷の判決は、日本国憲法が体現する近代立憲主義の理念に反したものであるということになる。

4 大島訴訟を考える②

判決文で最高裁は「租税法の定立については、国家財政、社会経済、国民所得、国民生活等の実態についての正確な資料を基礎とする立法府の政策的、技術的な判断にゆだねるほかはなく、裁判所は、基本的にはその裁量的判断を尊重せざるを得ないものというべきである」と述べ、立法府に、広範というよりはほとんど白紙ともいうべき裁量権を与えている。しかしながら憲法81条の明文によって司法に与えられた違憲立法審査権は、民主主義の基本原理に基づく多数決によって成立する法律について、なお少数者の基本的人権の保障が適切になされているかを審査する権限であり、さらに言えば義務である。

そのような権限と義務とをほとんど無条件に放棄するに等しい判旨には違憲立法審査権についての重大な誤解があるのではなかろうか。

本件判決の際に最高裁判所裁判官であり、補足意見を述べている伊藤正己元裁判官は、『租税法学と学問領域』（租税法学研究20号、有斐閣、１９９２年）所収の講演録「憲法裁判について」で、極めて率直に、

「思い出してみますと、税法事件はそういう簡単なものはほとんどなかったと言って差し支えないのでありまして、場合によりましては何回も合議を重ねる、というような事件が多かったので、それだけ税法事件というのは難しかったということが言えるのです」

「調査官がやってまいりまして、第三小法廷にこういう税法事件がまいりました。伊藤裁判官がそのご主任ですと言われると、もうガックリするのでありまして、いやだなあ、という感じを持つわけであります。これはほかの人に聞いても、税法事件が来ると、大体いやだなあという感じを持つわけであります。まず第一に税法に対する知識が少なく、あまり勉強していないということです。したがって、税法事件の、しかも込み入った事件が来ますと、改めて勉強しなければならず、60歳を過ぎてから新しい勉強というのは大変辛いわけでございまして、それだけでも圧迫感があるわけです。そして、勉強を始めるわけですけれども、税法の法規というのは非常にわかりにくいのでございました」

「しかし裁判所というのは、これは違憲審査のところでまた申すかも知れませんが、実務で長く行われていることを覆すということに対しては、慎重というか、臆病でございます。殊に、最高裁がいままでの実務をひっくり返すような解釈を出しますと、日本の税務行政は大変なことになる。そこで、何とか苦労して税務行政のやっている実務を容認しようとする考え方がでてきます。不満があれば、こういうことは望ましくない、ぐらいのことは言いますけれども、まあ認めておこうか、ということになり、これは行政寄りと批判されるのですが、行政寄りというだけのことではなくて、そういう慎重な判断になりがちです。そしてこういう処理が、当事者である納税者にとって不利だったとしても、全体の納税者を考えると公平な処理にはかなっているのではないか、というようなことも考えられます。そこで、税法事件をやった後はすっきりしない感じが残り、あまり後味がよくない、というのがまた一つのいやな原因かと思います」

「最高裁の裁判官の中にも、ただでさえ徴税側に有利になっている法令をさらに有利に解釈する、というような人がいるわけで、これは税務行政の実務の安定を非常に尊重されるというのかもしれませんが、それでいいのだろうかという感じが残るのであります」と述べている。

かかる租税法に対する苦手意識のようなものが、今に引き継がれているとすると、憲法がその84条で示した租税法律主義について、納税者は理念の守護者をどこに求めればよいのであろうか。

戸松秀典『憲法訴訟（第2版）』（２００８年、有斐閣）は、最高裁が「憲法訴訟において圧倒的な司法消極主義の姿勢を示している」とする。そして、かかる不介入の政策の類型として、①憲法9条関係訴訟、②生存権訴訟、③租税法関係訴訟――を挙げる。租税法関係訴訟は、ビッグ・スリーの一角を占めているわけである。

5 大島訴訟を考える③

租税法規は、個人ひとりひとりにとっては権利侵害規範として現れる。そうすると、最高裁が違憲判断を下すことについて消極的であると批判され、その中でも、租税法関係判例が突出しているということは、批判されなければならない。

また、違憲審査基準論という観点から見ると、大島訴訟判示は、「その立法目的が正当なものであり、かつ、当該立法において具体的に採用された区別の態様が右目的との関連で著しく不合理であることが明らかでない限り、その合理性を否定することができ（ない）」と述べて、緩やかな審査基準である「単なる合理性の基準」を採用している。

しかしながら、上記の通り、租税法規は、権利侵害規範として現れるものである。そうであるとすると、福祉国家的価値観や、公共部門の資源配分機能、所得再分配機能および景気循環調整機能などという財政学ないし公共経済学的な説明は、従たるものか、もしくは切り離して考えなければならないものであって、単なる合理性の基準で審査すれば足りるものであるという理由にはなり得ない。これはひとつには、権利侵害規範として、租税手続には刑事手続に親近性がある面があるからである。権利侵害規範であるにもかかわらず、租税法規の執行については、課税処分から徴収処分を通して租税債権の満足が得られるまで司法審査が全くなしに貫徹されるのである。このことまでをも勘案すれば、なおのこと審査基準については厳格な審査基準の適用があるべきである。

本件には、先ほど触れたように伊藤正己裁判官による補足意見があり、その前置き的議論として「租税法は、特に強い合憲性の推定を受け、基本的には、その定立について立法府の広範な裁量にゆだねられており、裁判所は、立法府の判断を尊重する」との記述がある。私人に対する権利侵害規範について、このような「強い合憲性の推定を受け（る）」ものであるとの言明は、端的に誤謬であると言わなければならない。

もっとも伊藤補足意見では、「租税法の分野にあっても、例えば性別のような憲法14条1項後段所定の事由に基づいて差別が行われるときには、合憲性の推定は排除され、裁判所は厳格な基準によってその差別が合理的であるかどうかを審査すべきであり、平等原則に反すると判断されることが少なくないと考えられる。性別のような事由による差別の禁止は、民主制の下での本質的な要求であり、租税法もまたそれを無視することを許されないのである」と述べて、厳格な審査基準を適用すべき局面があり得る旨を述べる。

伊藤裁判官の設例は、男女平等を持ち出しているから、租税法規範の領域の議論としては奇異な印象を受けるものであるが、これは争点が憲法の平等原則についての判断であり、合衆国最高裁判所の判例には類似する議論があるので、その本歌取りのようなものであるのかも知れない。

元来、違憲審査基準は領域ごとに異なるものであるはずであり、芦部信喜『憲法学Ⅲ』(有斐閣、1992年)においても、平等原則については異なる審査基準論によって取り扱っている。大島訴訟の判決は、違憲審査基準の選択について、未整理であるというよりは混乱があるというべきかも知れない。

いずれにせよ、伊藤補足意見は、租税法規一般について「緩やかな合理性の基準」で判断すれば足りるとする裁判所の通念を若干ながら否定している点については評価されてしかるべきである。

大島訴訟の最高裁大法廷判決は、リーディング・ケースとして、
①司法消極主義、
②白紙に近い立法府の裁量権論、および、
③ほとんど思考を放棄したとも言うべき安易な合理性の推定という基準、
ということについて、爾後の裁判所における行政府一辺倒の判例の羅列の基礎となった。

今後、この大法廷判決は批判の対象として取り扱うのでなければならない。

第3章

課税庁は税法を理解しているのか

1　タックス・ヘイブン対策税制

最初に、タックス・ヘイブン対策税制についての大阪高等裁判所平成24年7月20日判決を見よう。前提となる事案はいわゆる「来料加工貿易」のケースであって、香港に設立した子会社が、タックス・ヘイブン対策税制にひっかかるのか否かという点であった。引用する。

「控訴人は、タックス・ヘイブン対策税制の適用除外規定の立法目的は経済的合理性がある企業活動には同税制を適用しないことにあるところ、Aが本件委託加工取引を香港で行うことには経済的合理性があり、この事自体からタックス・ヘイブン対策税制の適用除外がされるべきであると主張する。

しかし、適用除外規定は、主たる事業の内容に照らして、その地で主たる事業を行うことに十分な経済的合理性があると認められる場合など所定の要件に該当する場合に限り、適用除外を認める趣旨のものであって、所在地国基準など所定の要件を超えて、「経済的合理性」という独自の不明確な要件を用いることが相当でないことは原判決説示のとおりである。

したがって、A等が経済的合理性に着目して、香港において本件委託加工取引を行ったとしても、適用除外の所定の要件を満たさない以上、適用除外を認めることができないことは当然であり、控訴人の主張は理由がない」

筆者は、タックス・ヘイブン対策税制については昭和53年の創設にも米国のサブパートルールの調査担当として関与したし、平成4年の抜本的大改正では国際租税課長として立法担当官であった。そのような立法実務の経験を踏まえた上であえて述べるが、この大阪高裁の判示ほどポイントを理解しない謬論《びゅうろん》が罷り通ったことはなく、納税者敗訴となったことについては驚かざるを得ない。なお、上告審でも、三下り半決定でしりぞけられている。

昭和53年度税制改正におけるタックス・ヘイブン対策税制導入時の文献を調べると、高橋元監修『タックス・ヘイブン対策税制の解説』（清文社、昭和54年）の担当官説明には、「軽課税国に所在する子会社等であっても、そこに所在するのに十分な経済合理性があれば、それは我が国の税負担を不当に減少させるための手段とはなっていないと考えられる」という点について、疑問の余地なく一貫した説明が行われている。

税制調査会答申（昭和52年12月20日）においても、また、閣議決定である昭和53年度税制改正の要綱においても、「経済合理性」という概念が中心に据えられている。

平成4年度の大改正に際しても、『平成4年改正税法のすべて』（大蔵財務協会）で述べられているように、「経済合理性」をタックス・ヘイブン対策税制の適用の可否の中心に据えており、ぶれはない。

要するに、来料加工貿易のようなケースをタックス・ヘイブン対策税制の対象とする意図・立法趣旨は全くないのである。しかるに、大阪高裁ではこのような判決が出されて、最高裁は取り上げなかったということである。

これの意味するところは重大である。

まず、課税当局はタックス・ヘイブン対策税制の立法趣旨を理解することなく租税特別措置法の規定を形式的にあてはめて課税を行った。そして異議審理庁は異議申立てを棄却して、国税不服審判所も審査請求を棄却した。納税者が、さらに司法の判断を求めたところ、大阪地裁も大阪高裁も同様に立法趣旨を理解することなく納税者を敗訴させ、最高裁はこの事件を取り上げようともしなかった。

行政府（課税庁、異議審理庁、審判所）では、担当官が英語を話せないために証拠を集めることもできず、仮に集めた証拠があっても理解できず、そもそも手を出す能力も持ち合わせていないというお粗末な状況で、国際租税法を中身も分からずに振り回したところが、大量の増差税額が出てしまった。それでその金額の多さに目がくらんで課税処分をしたのである。

大阪では、語学力もないし国際租税などに至ってはほとんど全く理解していない裁判官が、国側を勝たせておけば大過はないはずだといういつものメンタリティで、納税者の抗議を突っぱねた、という構図であろう。

しかしながら、これによって課税庁と国側の指定代理人と裁判所は、日本企業の競争力をそいで結局は国益を損ねているわけである。

しかし、明るい見通しがないではない。

裁判所の方でも果たしてこれで本当に良いのだろうかという気運が生じて来たようである。平成25年5月29日の東京高裁の判決は、立証責任の転換というテクニックを用いて納税者を勝たせている。

移転価格税制も同じであるが、課税当局は、国際租税の領域で業績を上げようとする傾向が強い。ゼロの個数が違って来るからである。その割には、国際租税法を処理する能力はきわめて低い。英語もまともに話せないのだから当然である。

裁判所は、国側を勝たせていれば大けがはしないという方針を捨てるべきであるし、国の指定代理人も何が何でもお上は正しいのだという教条主義を放棄して、善良かつ誠実な納税者の期待を裏切らないようにしなければならない。

本当に悪質な納税者は、尻尾をつかまれないようにして、膨大な資産をタックス・ヘイブンに蓄積している。そして、課税庁が追い掛けている納税者の大方は、租税回避の意図のかけらすらないケースである。

国は行政と司法の総力を挙げて、納税者の自主的納税意識を潰してしまおうとしているとしか思われない。

2　正規の租税法教育を受けていない国税職員

ここのところ、国税不服審判所に連続して審査請求を行っているが、その審理の過程で気づいた点をいくつか指摘してみる。

まずは、税務行政の第一線で働く国税職員が、正規の租税法教育を受けていないという愕然とするような事実である。審判所の職員と議論していると、「審判所に異動になるまで、課税処分は租税法に基づいてする、ということを教わったこともなければ考えたこともない」ということがわかってきた。

税法は租税法律主義に基づいて運用され、課税と徴収が行われていくのであるから、税法を取り扱う者は法律家でなければならない。法律家でなければならないと言っても、法曹資格を有しなければならないと言っているのではない。

法文を読んで適用すべき法を解釈して、事実を証拠に基づいて認定し、あてはめによって結論を導くことを「法的三段論法」という。

「大前提（法）—小前提（事実）—結論」という構造になっているから「三段論法」というのである。これを使いこなすことが法律家として最低限要求されることがらである。

そのため、審判所に異動となったときの最初の研修で税務大学校で教えられることは、この「三段論法」であるという。しかし、これは今まで教え込まれていたこととは思考プロセスが全く異なるため、ほとんどの職員は「三段論法」を理解するのに四苦八苦するという。法科大学院の３年次の学生でも理解していない者は多数いるからやむを得ないところであるが、税大の場合は実際の被害が納税者なのであるからやむを得ないでは済まされない。

そもそも、課税処分をするに当たって課税要件とは何かを考えるという教育を受けたことがないから、税務大学校の審判所配属研修では、法的三段論法を教えるさらに前の段階として、まず課税要件論についての一般論の講義を受けることになる。また、証拠による事実認定についても、証拠を評価するということがどういうことかについて理解できていない。このため、研修が終わってからでさえ、事件を担当するときに議決書の文案を作成できないという壁にぶちあたる。

事実認定をなかなかうまく書けないことが多いから、「このような書き方は事実認定にはなりません」というモデルを示した指導ペーパーまである。そのような指導があるほどであるから、調査官として事件を担当したときに書いている調査報告書は、課税要件論に従ったものではない。単なるメモ書き程度のものであって、裁判となったときにおよそ証拠となる代物ではない。しかも、判例のいいとこ取りのコピペをする以外にやり方を知らないから、判断に使える判例と使えない判例の区別ができない状況にある。「外国税額控除は政府による恩恵的措置である」などという愚かな鑑定意見を、平気で繰り返してコピぺしている。

以上を要すれば即ち、課税実務の一線において行われていることは、税法を学ばず、証拠による事実認定ということが出来ず、これはおかしいだろうという直感と正義感のみで課税処分をするという仕組みになっているということである。法律を取り扱う者として最低限要求されている法的センスの欠落である。

3 税務大学校の罪は深い

平成23年の国税通則法改正で理由附記制度が導入された。その際に、ベテランの職員が「いまさら理由なんて書けないから、現場には出たくない」と言っているのを聞いたこともある。

これはつまるところは国税庁による新人研修の方法論の誤りの結果であって、国税庁は猛省しなければならない。法律学の正規の教育を受けたこともなく、憲法の基本的人権について学んだこともなく、適正手続保障という普遍的価値と実調率の低下を比較衡量するというレベルの見識しか持ち合わせない学者が、和光の税務大学校で教鞭をとる。そして、最高裁判例の都合のよいところだけを切り貼りする仕方を若くて柔らかい頭脳に教え込んでいるから「理由はこっちもよく分からないんだが、ともかく重加だ！」という、漫画でもあり得ないようなことになるのである。

国税職員の多くは真面目で、事案の概要図等を非常に精巧に作成するし、資料作成の指導をきちんとすれば緻密に計算し、丁寧に仕上げる。弁護士出身の任期付き職員は、そもそも申告書の見方や計算の流れそのものがわからないから、国税職員に資料作成や計算等を丸投げする者もいる。それでも真面目な国税職員たちは、年下の任期付職員に対して「仕事ができない奴だ」ということを口にすることもなく、黙々と与えられた職務をこなす。

多くの国税職員は、租税法と法的三段論法の教育をきちんとすれば理解するし、現場に臨むことができる素質を持っている。つくづく、和光の税務大学校の罪は深いと言わざるを得ない。

この程度のレベルの調査官が適当な処分をして、その結果としてこじれた案件を審判所の審判官は手掛けることとなる。

審判官の方でも自分がフランチャイズとしている税法（所得、法人、資産、徴収など）

のことでなければ、ちんぷんかんぷんである。それで、あってはならないことだが、公平性を確保するための機械的に事件を振り分けていく配点ではなく、フランチャイズの一致する審判官のところに配点するケースもある。税理士から採用された民間出身の審判官の方がかえって幅広く税法を扱えるかも知れない。

徴収をフランチャイズとする国税からの審判官などは、課税事案を取り扱うのには不慣れなので配点を受ける徴収事案に偏ってしまう。

また、原処分庁の証拠収集は一般に極めてお粗末なので、配点を受けた担当審判官（フランチャイズが一致していてかつ優秀な担当審判官の場合であるが）は呆れてしまう。そして、通則法97条の職権による質問検査権を行使して、証拠を自分で収集しなければならないことになる。そうすると、審判所があたかも原処分庁のために証拠固めをしてやっているかのような様相を呈する。これについての批判は強い。

原処分庁から提出された証拠だけでは処分が適法であると判断できないので、審判所が職権で証拠収集をしなければならない事件は多いという。例えば、重加算税事案の場合であると、およそ重加算税を賦課決定するに足る証拠がないのになぜ重加にしたのか、ということになる。審判官が改めて質問調書を作成して重加算税賦課決定処分が適法であるとの証拠を洗い出し、事実認定を整えて、原処分維持の結論に仕上げるなどということもある。もちろん、重加算税の証拠がないとして重加算税を取り消す処分をすることはある。

しかも悪いことに、改正前の旧97条によって職権で収集した証拠は両当事者に開示しないでよいこととされていた（改正後の97条でも問題が片付いたとは言えないが）。これでは裁決をもらう方もたまったものではない。

どういう証拠で棄却されたのかを調べたくても証拠の開示がないのであるから、公平な裁決であったかどうかさえ分からない。

仙台であったか、意地悪な審判官に当たったことがあって、呼ばれて質問を受けて質問調書にサインをさせられた。あろうことか当の審判官は、「この質問調書ですが、コピーは差し上げられませんし、今後はご本人といえどもお目に掛けることもできません」と言って、にやーっという嫌みな笑いを浮かべた。

97条という条文はかくもおかしな条文である（というよりはおかしな解釈が罷り通っていたというべきだと思うが）。職員も、納税者の神経を逆なでするこのような態度を取っていては、善良かつ誠実な納税者の離反を招いて行くだけのことである。

4　瑕疵ある裁決

新しく導入された国税通則法97条の3では、閲覧・謄写権が認められることになったが、最も重要な97条1項1号の「担当審判官が質問権を行使して作成した質問調書その他の資料」は、閲覧・謄写が認められていない。

97条の3第1項1号には97条1項2号についての記載はあるが、1号は排除されて記載されていないからである。この問題は衆参両院の総務委員会において、附帯決議で処理されている。また、附則における5年後見直し条項も入れられた。

かねてより審判所では、「瑕疵ある裁決」という問題があった。審判所の審判官の出来が悪いと、裁決も人には到底見せられないようなものが出て来ることは避けられない。公表裁決事例は、公表にふさわしいものだけが選ばれている。しかしながら、最近は情報公開法の利用によって開示されてしまうものが出て、ＴＡＩＮＳに収録されるから、「瑕疵ある裁決」の問題は深刻になる。事案によっては、前提となる事実が類似していても判断が分かれている（つまり、どちらかに誤りがある）ことがあり、混乱に陥ることになる。

これを防止する意味もあり、「公表裁決」は全体のうちの一部のみを本部が選択している。そして審判所の最大の問題点は、担当審判官と参加審判官の合議体による議決という法の建前が無視されていることである。

TAINSによって「瑕疵ある裁決」の問題が隠しきれないようになったことが主因であろうけれども、もう一つの隠された理由がある。

民間から審判官を任期付きで採用してその割合を半分までに高くするという方針が取られている。平成23年度税制改正大綱の閣議決定によるものであるが、これでは審判所の内部統制が利かなくなるということで、霞が関の4階にある本部が各審判所の介入に乗り出した。通則法上は、審判所長上御一人の名前で出される裁決については、審判官の合議体の議決に基づく建前である。「基づく」である以上は必ずしも議決イコール裁決ではないかも知れない。しかしながら、霞が関の本部の介入は、①事件の個別性によって、審査請求がなされて合議体に配点されるとき既に本部介入事案とされているもの、②配点を受けて審理に取り掛かってから本部が介入するもの――という2つがある。

弁護士から審判官に採用された者などは、箸の上げ下ろしまで指図されるから、シラケてしまって、当事者意識もなくなって、勝手にやってくれとふて腐れているケースも見掛ける。

税法に関する言葉が通じる審判所がこのような有様で、税法に関する言葉の通じない裁判所に行くともっと訳が分からなくなるから、日弁連等の通則法改正プロジェクト・チームなどでは、米国流のタックス・コートを作った方がいいのではないか、という声も強い。実際にそういう論文も公刊されている。

国税職員は、個人的に話しているときには、高潔で有能だと思うことが圧倒的である。たまにいる嫌味な人間が全体の印象を悪くしているにしても、である。しかしながら個人が組織として現れる時には、その組織は腐蝕が目立つものとなっている。同じ公権力行政を担う警察組織の正義に比較して、これは顕著である。貧すれば鈍するで、業績さえ上げれば何でも構わないという風潮がはびこり、モラールが低下しているのではないか。

新人教育に際して、法的三段論法からしっかり教え込むことが出発点になると思う。法に従って適正手続に則って法を執行しているという自信があれば、今のような悲喜劇的状況にはならないと思うからである。

5　英語もろくに話せない調査官

平成26年9月4日、名古屋地裁で「海外子会社に事業実体」があったとしてタックス・ヘイブン対策税制の適用対象ではないとの判決が出された。判決の詳細は閲覧制限がかかっているためによく分からない。

これまでの裁判所は、国側の主張に盲従して、納税者敗訴の判決を出し続けて来た。これに比較すると、風向きが変わって来たような感がする。平成25年5月29日にも東京高裁で納税者勝訴判決があり、国側が最高裁に上げなかったので確定した。

関西の電機会社の来料加工貿易の控訴審では、「これでも法律論か…」と目を疑うような判決を大阪高裁が書いていたが、これに比較すると潮の変わり目を迎えたように思う。さらに、平成26年8月21日には自動車部品メーカーの来料加工貿易事件において、東京国税不服審判所が納税者の請求を認容した。

タックス・ヘイブン対策税制の本来の趣旨は、国際的租税回避の防遏《ぼうあつ》である。このような立法趣旨については、立法担当者の著述に明らかである。例えば、高橋元監修『タックス・ヘイブン対策税制の解説』（清文社、昭和54年）の81ページ以下に記されている。そして、この租税回避行為の防遏という立法趣旨を否定するような論文・解説の類は探しても皆無である。

防遏の対象となる租税回避とは何であるか。軽課税国に子会社を設立して、そこに所得を留保して、日本に配当をしないでいれば課税時期を遅らせる（課税繰延べ）ことができる。このような行為である。租税回避一般、なかんずく課税繰延べを防ぐことが、当初のタックス・ヘイブン対策税制の立法趣旨であった（ただし、平成21年度の税制改正によって「外国子会社配当益金不算入制度」が導入されてからは、課税繰延べが租税回避行為から外れたので、タックス・ヘイブン対策税制の存在理由は、課税繰延べ以外の租税回避行為が対象となる）。

ところが、租税回避行為の防止という立法趣旨を解釈論でどう取り扱うかを巡って紛争が頻発している。これは、そもそもの立法政策として、「タックス・ヘイブンに子会社を設立する場合であっても、そのことに『経済合理性』があるのであれば、タックス・ヘイブン対策税制は適用しない」ということが当初から宣明されていたためである。

例えば、シンガポールに子会社を設立して、東南アジア一帯に孫会社の現地法人を展開して、各現法のコントロールをシンガポールからするというような場合がひとつの典型である（この問題は立法的に解決されたのは周知のとおりである。）。また、中国国内に現法を設立することの困難さから、香港に子会社を設立して、そこから中国本土の工場における生産をコントロールするなども典型である。上述の来料加工貿易などは後者の範疇の典型中の典型である。

問題は、シンガポールや香港などに設立した子会社がタックス・ヘイブン対策税制の適用を受けないための目安である『経済合理性』とはどういうことか、である。よく知られているように、租税特別措置法の該当条項には、適用除外4要件の定めがある。問題は適用除外4要件をすべて充足することと『経済合理性』があることとは全くイコールであるのか否かである。

筆者は平成4年におけるタックス・ヘイブン対策税制の抜本改正の際の担当課長であった。その時の意識では、適用除外4条件を充たせばタックス・ヘイブン対策税制の適用はしないということはあっても、適用除外4要件を充たさなければ直ちにタックス・ヘイブン対策税制を適用するというような、形式的・硬直的なものではなかった。言い換えれば、適用除外4要件をすべて満たせばタックス・ヘイブン対策税制の適用は自動的になされない。しかしながら、これとは逆に、適用除外4要件のひとつでも欠ければ直ちにタックス・ヘイブン対策税制の適用がある仕組みになるなどとは決して考えていなかった。

その意味で、現在の国税庁のタックス・ヘイブン対策税制についての執行態度は、立法者意思からすれば想定外のものである。

英語もろくに話せない調査官が国際事案に挑んで、成績主義に追われるあまりに、わけも分からずにタックス・ヘイブン対策税制で巨額の増差をあげて得々としていることには驚愕すべきものがある。

一番悪いのは、課税当局の悪用を許すようなあいまいな立法をした主税局である。これは立法担当官としての自白であり、自責である。立法技術の拙劣と非難されても当然であるとうなだれるしかない。

その次に悪いのは、立法趣旨などを考えることもなく、増差が上がればいいということでタックス・ヘイブン対策税制をむやみに振り回している国税職員である。ただし、最近の国税庁幹部による公式の講演を聴く限りでは、別々の機会に2人の高官が、（来料加工貿易に限ってのことではあるが）これまでの課税行政は改めなければならない旨を、それぞれに堂々と述べている。上述の審判所の裁決もその一環で理解すべきであろう。審判所には自分でこのような国際租税の事案を処理する能力があるとはとうてい思えないからである。

そして3番目に悪いのは裁判所である。タックス・ヘイブン対策税制は国際租税の中でも複雑で難しいものであるから、事案の妥当性も立法趣旨も一顧だにせず、上述の大阪高裁判決のように国税の言いなりの不当な判決を出し続けてきた。このことの責任は重い。

このようなことでは、何も分からない一線の国税職員が、「ちょっと変かな」と思ったとしても、「どうせ裁判になれば勝たせてもらえるからいいや」と考えて、安易な課税をすることを助長することになる。ただし、常識のある裁判官が「やはり変なものは変だ」と考えて、納税者を勝たせる例が出てきたことの意義は大きい。このような判決の傾向が続くようであれば、国税も無知に基づく不正な課税を控えるようになるであろう。

6　ハイブリッド調査の問題

平成23年の国税通則法の改正によって適正手続保障が強化された。これに伴う実地調査率の低下を懸念する国税庁は、「ハイブリッド調査」という名の調査を多用するという方針のようである。

実務の実情を懸念した日本弁護士連合会は2015年2月20日付けで『税務調査の手続要件を回避する税務行政に関する要請書』を取りまとめ、同年3月4日付けで国税庁長官に提出した。

その要旨は、日弁連のHPに書かれているとおり、「平成23年に改正された国税通則法により、税務調査の事前通知や調査終了時の説明責任などの適正手続が明記されたところである。税務に関する調査においては、「行政指導」に名を借りてこれらの適正手続を潜脱する手法をとることなく、同法の改正の立法趣旨に従って、適正手続を誠実に履践するべきである」というものだ。

事務運営指針の「第2章基本的な事務手続及び留意事項」の「1調査と行政指導の区分の明示」において、

> 「納税義務者等に対し調査又は行政指導に当たる行為を行う際は、対面、電話、書面等の態様を問わず、いずれの事務として行うかを明示した上で、それぞれの行為を

法令等に基づき適正に行う。
（注1）調査とは、国税（法第74条の2から法第74条の6までに掲げる税目に限る。）に関する法律の規定に基づき、特定の納税義務者の課税標準等又は税額等を認定する目的その他国税に関する法律に基づく処分を行う目的で当該職員が行う一連の行為（証拠資料の収集、要件事実の認定、法令の解釈適用など）をいうことに留意する（「手続通達」（平成24年9月12日付課総5－9ほか9課共同「国税通則法第7章の2（国税の調査）関係通達」（法令解釈通達）をいう。以下同じ。）1－1）。
（注2）当該職員が行う行為であって、特定の納税義務者の課税標準等又は税額等を認定する目的で行う行為に至らないものは、調査には該当しないことに留意する（手続通達1－2）。」

とあることに端を発する。

調査に該当しない行為

ここで、(注2)にある手続通達1－2の「『調査』に該当しない行為」を見ると、「1－2当該職員が行う行為であって、次に掲げる行為のように、特定の納税義務者の課税標準等又は税額等を認定する目的で行う行為に至らないものは、調査には該当しないことに留意する。また、これらの行為のみに起因して修正申告書若しくは期限後申告書の提出又は源泉徴収に係る所得税の自主納付があった場合には、当該修正申告書等の提出等は更正若しくは決定又は納税の告知があるべきことを予知してなされたものには当たらないことに留意する。」とあって、34ページで示した表の5項目が並んでいる。

このうちで、(1)はともかくとして、(2)~(5)のうちには、(注1)に記載された調査の定義である「特定の納税義務者の課税標準等又は税額等を認定する目的その他国税に関する法律に基づく処分を行う目的で当該職員が行う一連の行為(証拠資料の収集、要件事実の認定、法令の解釈適用など)をいう」に該当する場合がある。そうすると、これらは行政指導であるから国税通則法の定める「調査」についての適正手続保障の規定を受けないで済むということにはならない。

実務の実際

実務の実際においても、「所得税の確定申告についてのお尋ね」などと題する文書が到来して、「出署頂けない場合には、調査を実施する場合があり」とか、「過小（無）申告加算税が課されることがあります」などのペナルティのような文言による威嚇がある場合があって、ここまでくれば適正手続保障に対する脱法行為であると言わざるを得ない。このために日弁連会長名で、国税庁長官に対して上記のような文書を発出したところである。

これに応じて、国税庁から担当官が日弁連税制委員会に対して説明に来たので、そこで「上記手続通達１―２の（２）ないし（５）には問題があるのではないか」との質問をしてみた。これに対する担当官の答弁は、驚くべきものであって、「通達を発遣するときにパブコメに付したので問題ないと考えます」というものであった。

国税庁においては、パブコメに付した通達であれば、国税通則法に違背するものであっても正当化されると考えているわけである。

国税庁の租税法律主義に対する理解はかようなものであるのかと吃驚した次第である。

第4章

タックス・ヘイブン

2013年3月に岩波新書から『タックス・ヘイブン——逃げて行く税金』を刊行した。当初は、読者層の想定が難しく、売れるのかどうかよく分からなかったが、今となって見ると、既に7刷を出すに至って3万部をクリアしてしまった。

これには、実は時機を得た出版であったことも一助となっている。まず、発行日のその週のうちにキプロスが金融危機に陥って、タックス・ヘイブンという問題の所在が明らかになった。そして、踵を接するようにして、ICIJのデータが公表され始めた。事実が、著書の記述を裏書証明して行ったのである。

1 キプロス危機

キプロスは、地中海に浮かぶ島で、ヘロドトスの『歴史』にも出てくるギリシャ文明に属する国である。交通の要衝であるから歴史的には翻弄されていて、シェイクスピアの『オセロ』やこれをオペラ化したヴェルディの『オテッロ』の舞台としてはヴェネツィア共和国領だった。

今のキプロスは、小国なりといえどもEU加盟28か国のひとつであり、ユーロ圏17か国にも属している。キプロスの金融機関が2013年になってギリシャ国債の暴落で危機に陥ったとき、EUは既にPIIGS（ポルトガル、イタリア、アイルランド、ギリシャ、スペイン）の財政危機で動揺しているさなかであったから、EU経済、ひいては世界経済にも衝撃を与えた。

そして、キプロスの金融危機の救済策を、トロイカ（IMF、EU、欧州中銀）が策定している中で、キプロスの銀行の資産残高はキプロスのGDPの8倍、うちロシア関係のものが3分の1を占めるということが明るみに出た。

もともとキプロスは低税率国で、1990年代にはタックス・ヘイブンとして名を馳せていた。2004年にEUに加盟するまでは、法人税率などは5%以下であったものを、10%に引き上げさせられたほどである。そうすると、ロシア・マネーが3分の1を占めるというデータも過少推計ではなかろうかと思えてくるし、ロシア・マフィアやオリガルヒ（新興財閥）のマネー・ロンダリングに使われている口座が多々あるだろうと推測するに難くない。金融危機で即座に預金者に直接の負担を求める救済策というのも珍しいが、そのように預金の出所を勘ぐれば、キプロスについてそういう珍しい救済策が提案される背景にもなるほどと思わせるものがある。

しかしながら、キプロス危機の報道がもたらした真の衝撃は、タックス・ヘイブンとされている国・地域の中に隠匿されている資金量の多さについてのものである。この隠匿資金の規模のことはほとんど踵を接するようにして起きたＩＣＩＪ（国際調査報道ジャーナリスト連合）によるブリティッシュ・バージン・アイランド（ＢＶＩ）を中心とする秘匿口座の暴露によって裏付けられることとなった。

キプロスは実際には分断国家で、島の北側の一部をトルコが占領して北キプロス・トルコ共和国を樹立しているが、これを国家として承認しているのはトルコだけである。トルコのＥＵ加盟は長年の念願であるが、世俗国家であるとはいえムスリム国家であるトルコの加盟をＥＵは承認しようとはしない。

対するギリシャは１９８１年の第２次拡大で加盟国となり、ユーロ圏には２００１年に加盟した。ＥＵへの加盟については、これはギリシャ側の希望もさることながら、当時のＥＵ側がどうしてもギリシャに加盟してもらわなければ「欧州連合」とは言えないから無理矢理入ってもらわなければ困るというニュアンスがあったと記憶している。

ヨーロッパ文明の２本柱はヘレニズムとヘブライズムであるから、欧州統合の精神的支柱として是非ともギリシャには加盟していてほしいのだということであろう。ユーロの導入に際して、ギリシャが財政のデータを粉飾していたことも今では良く知られていることであるが、これも実は内部では知られた事実であったのかも知れない。

2 ＩＣＩＪオフショア・データベース

次はＩＣＩＪである。ＩＣＩＪのオフショア・データベースがインターネットにアップされている（http://www.off shoreleaks.icij.org)。

ＩＣＩＪとは、International Consortium of Investigative Journalists の頭文字で、訳せば「国際調査報道ジャーナリスト連合」である。この組織が、ブリテシッシュ・バージン・アイランド（ＢＶＩ）クック諸島、シンガポールの3法域を中心とする10のタックス・ヘイブンにある匿名口座情報を入手して、インターネットにアップした。２５０ギガバイトというとんでもない量の情報である。

そして英国のガーディアン紙が２０１3年4月3日号で、セレブや要人の隠匿口座をぶちまけた。その中には、英国外務省についての記述もある。BVIが悪質タックス・ヘイブンのナンバー・ワンと言われる原因についてMI6（英国情報部）の存在が噂されているが、これが証明されてしまったかのようである。

2013年5月に開かれたOECD租税委員会の国税庁長官会議では、英米豪の3か国は、すでにこのデータを入手済みであることが明らかにされた。そして稲垣光隆国税庁長官（当時）は、帰国後に日本の国税庁もオーストラリア政府からデータを入手したと公式に表明した。

データは縦に3つに並んだリストだ。左欄には、オフィサーとマスター・クライアントの名前が533現れる。表の上に各用語の定義があるが、これによればオフィサーとはオフショア事業体の役職員であり、マスター・クライアントとはオフショア事業体を設立するクライアントに対する仲介人のようなものであるらしい。533の名前のどれでもいいからクリックすると画面が切り替わって、本人の氏名と住所と関係するオフショア事業体の名前が曲線でつながれたチャートにつながる。

真ん中のオフショア事業体とは、会社、信託、ファンドなどを言う。当初は10であったが、現在は4である。これもクリックしてみると面白い。

右欄の住所は利用者個人のリストである。さすがに個人名は挙げられていないが、467ある住所のどれかをクリックすると、個人名と関係するオフショア事業体のいくつかを示すチャートが出る。検索エンジンのmapsに放り込むとストリート・ビューで表札が映し出されたりすることさえある。

国税庁は、これよりも更に詳細なデータを入手しているが、語学力を勘案するとひとつひとつを追尾していくのは容易ではなかろう。

日銀の統計によると、対外直接投資の第一位はアメリカで、これは当然であろうが、年にもよるが、二位とか三位には、オランダとケイマン諸島が入る。オランダとケイマン諸島が二位と三位ということに、なんらかの意味があることは自明だ。最近はＢＶＩがリストの上にあがって来ている。

国外財産調書制度は、平成23年12月31日末時点での調書の作成を求めている。このようなＩＣＩＪのデータベースがあるとすると、国外財産調書制度の精度、実効性などもほとんど直ちに実証されてしまうだろう。

引き続くＩＣＩＪの連続技――第２弾・中国

平成24年（２０１２年）１月24日、ＩＣＩＪは第２弾として、中国の要人の親族によるタックス・ヘイブンの秘匿資金を曝露した。その内容は、同時発信で当日の朝日新聞朝刊の１面を飾った。

これによると、国家主席、首相を含むほとんどの要人の親族が、シンガポールを経由して、ＢＶＩ、クック諸島、サモアなどに資金を流して秘匿していることが明らかになっている。クック諸島は、ニュージーランドの近辺にある。外国税額控除余裕枠事件の２件の最高裁判決の舞台となったことでも記憶があろう。

記事には、ＵＢＳ、クレディ・スイス、ＰｗＣなどの名前が出て来る。ＵＢＳは、米国の内国歳入庁（ＩＲＳ）による厳しい訴追に屈して、４０００件を超える個人口座情報の提供に応じて、スイスの銀行秘密保護条項に大きな風穴を空けさせられた事件（ＵＢＳ事件）で著名である。

ＩＣＩＪのデータベースを開いて、国名のところにチャイナや香港、台湾を入れると、日本の比ではない大量の名称が浮かび出て来る。

ＢＶＩは、英国王室の属領であり、中国や香港は英国の植民地であった経緯から、このようなルートが出来上がったのかも知れない。

メインランド・チャイナのその後の情報は伝わってこないが、近時における習近平主席主導の粛清報道などは何らかの関係があるのかも知れない。

第3弾・ルクセンブルグ

ＩＣＩＪは、その後、第3弾として、ルクセンブルグが国家的に租税回避に手を貸しているという報道をした。これは、ルクセンブルグが、他国の居住者のさまざまな租税回避行為について、その正当性を証明するお墨付きを与える証明書を発行し続けていたことの曝露である。

ルクセンブルグは、小国であるから、その立国に、欧州における金融センターとしての地位が不可欠である。それで、少しぐらいのことであると簡単かつ迅速にお墨付きを与えていた。国家的に行われていたから state aid という言い方もある。

この曝露で窮地に立たされたのが、欧州委員会のユンケル委員長である。ユンケル委員長は、就任までは18年間に渡ってルクセンブルグの首相であったからである。

ストラスブールにある欧州議会で、不信任案が可決されるのではないかという評判までも立ったが、そこまでには至っていない。

第４弾・HSBC

ＩＣＩＪの第４弾は、ＨＳＢＣである。

ＨＳＢＣは、もともとは香港を本拠とする銀行であった。名称のＨＳというのも元はと言えば香港上海の頭文字である。これが、ぐんぐんと大きくなり、本拠をロンドンのカナリー・ウォーフに移した。シティを擁する英国は、これをいたく喜んで、当時のジョン・ボンド会長にサーの称号を与えるに至った。

カナリー・ウォーフは、手狭になったシティの立地条件に対応して、ドックランドに建設されたシティの副都心のようなところで、高層ビルが林立している。

ＨＳＢＣは、世界でも有数の規模の銀行にのし上がっているが、米国でマネー・ロンダリングの疑惑が報道されたりしていた。関連して日本の地銀の名前も上がったりしたことがある。

ＨＳＢＣは、英国が導入した銀行税に反対して、ロンドンから本拠地を移すような脅しをかけているという報道もあって、話題が絶えない。

3 租税立法、英国間接税、不利益課税遡及立法

英国関係ニュースが多かったので、少し英国についても語ろう。

ニコラス・シャクソンが『タックス・ヘイブンの闇』（邦訳2013年、朝日新聞出版）でえぐり出した英国についての逸話を紹介しよう。シャクソンは言う。「世界で最も重要なタックス・ヘイブンは島であると言っても誰も驚かない。だが、その島の名はマンハッタンだと言ったら、人々はびっくりする。さらに言うと、世界で二番目に重要なタックス・ヘイブンは島にある。それはイギリスのシティ・オブ・ロンドンだ」。ここには、取り締まる側と取り締まられる側が同じであるという皮肉がある。

英国は、英国病と言われた経済の疲弊から、サッチャリズムと金融ビッグ・バンによって立ち直り、経済ばかりでなく国際政治における発言権をも回復した。このようなことであると、英国が本気でシティの権益を危険にさらすとは思われないが、銀行税を導入したりしているから、キャメロン政権はもしかすると本気であるかも知れない。上述のようにHSBCが銀行税の税率の引上げに反対して、本拠地を外国に移すという牽制をしている

ようであるから推移を見よう。

さて、イギリスにおける間接税の増税は、蔵相がバジェット・スピーチでアナウンスした瞬間に施行になる。その理由は、買いだめや先買いをする余地をなくすということにある。もちろん租税法律主義だから、議会は後から承認の議決をするのだが、議会の承認に失敗した先例はない。

サッチャー首相が「レート」という地方税を廃止して、その代わりの財源を、財政理論に忠実に「人頭税」によると決めたことがある。

人頭税であると、今まで全く税金を納めていなかった貧困層にまで各人数百ポンドの税負担がいきなり生じるのだから、一般庶民は激怒した。これが11年にわたるサッチャー政権の終わりの始まりであった。

結局、人頭税構想は撤回されて、代替財源は付加価値税の引き上げによって行われることとなった。もちろん極秘である。

筆者は、ロンドン勤務中に蔵相のバジェット・スピーチを傍聴しにウェストミンスターの議事堂の外交官席に行ったことがある。もちろん付加価値税率が引き上げられるなどとは想像だにしていなかった。

蔵相演説の最中に、いきなり付加価値税を引き上げてこれをレートの廃止の代わりの財源にするという話が出た。もちろん議場はひっくり返るような大騒ぎになった。

日本では、平成16年度税制改正で不利益課税遡及立法が行われた。国会で問題になったけれども、時の主税局長は経済学部出身で、自分がやっていることが憲法違反だなどとは夢にも思わないから、押し切ってしまった。

当然ながら裁判で争いになって最高裁まで上がったが、最高裁では2つの小法廷でそれぞれ同じ内容の合憲判決を下してしまった。ひとつだけ補足意見が出されたが、その内容は逆さから読んでも反対意見としか思われない補足意見であった。

金子宏東大名誉教授の『租税法』（弘文堂）においては、その当時の版では、期間税のような税制（所得税や法人税など）については、年度内であれば遡及立法ということはないとされていた。ところがこの記述は、最高裁の判決に前後して改説されて、期間税といえども不利益課税遡及立法は認められないというように改められた。

そもそも所得税の課税年度は暦年であるのに、法改正は3月末成立、4月1日施行という仕組みになっている。改正法文は、できる限り一般納税者には分からないように作ってあるから、『改正税法のすべて』が刊行されなければ意味が分からない。『改正税法のすべて』が出て改正の意味が分かるのは6月である。一般納税者が「ああそうか」と思う頃には、すでに課税年度のほぼ半分が過ぎている。これがそもそもおかしいのである。

ところで、モンテスキューによると英国は三権分立の統治の機構であるとされているようであるが、これは真っ赤な嘘偽りであって、最近までは最高裁判所の役割は貴族院が果たしていた。さすがにこれは変ではないかということで、数年前に最高裁判所が分離独立した。ウェストミンスター議事堂の向かいにある哀れにもシャビーな建物である。

4 タックス・ヘイブンの資金規模

タックス・ヘイブンに話を戻そう。

TJN（タックス・ジャスティス・ネットワーク）は、タックス・ヘイブンに秘匿されている資金量は21兆ドルから32兆ドルに上るであろうと推計する。TJNのサイトに行けば分かる。

しかしながら、隠匿資金量はその程度の生易しいものではないだろう。ＢＩＳ（国際決済銀行）は3年ごとにマーケットのサーヴェイを公表するが、その最新の２０１３年データによると、外為市場における1日当たりの取引高は５・３兆ドルである。そのうちで実需の裏付けがあるものは1割以下である。また、２０１３年末現在のデリバティブの想定元本ベースの残高は７１０兆ドルである。これらはＢＩＳが把握できる限りの公開データによるものである。実物セクターの年間生産量が70兆ドルという規模であることに比較すると、金融セクターが著しく肥大化していることを理解する手掛かりとすることができるだろう。ただし、フローとストックを単純に比較しないように注意する必要はある。

ＩＣＩＪ（国際調査報道ジャーナリスト連合）が公開したＢＶＩ（ブリティッシュ・バージン・アイランド）を中心とするタックス・ヘイブンの秘匿資金口座のデータも、ＴＪＮの推計が過小推計であることを裏付けるものであるように思われる。

5　ピケティとタックス・ヘイブン

トマ・ピケティの『21世紀の資本』（邦訳2014年、みすず書房）については、後の第6章でゆっくり論じるが、ピケティはタックス・ヘイブンに秘匿された資金量についてはほとんど考慮していない。

同僚のガブリエル・ズックマンが著わした『失われた国家の富――タックス・ヘイブンの経済学』（邦訳2015年、NTT出版）を引用して10兆ドル程度であろうという。そして、NPOにはその2～3倍の推計をする例があるというような記述をしているが、これは明らかにTJNを指すものである。

ピケティのタックス・ヘイブンについての考察はほとんどないに等しいから、これで本当に格差の問題を議論できるのかという疑念を持つ。

しかしながら、そうは言っても、これまでは計数的裏付けなしに抽象的に議論されて来た所得・資産の格差の問題に、統計的裏付けという新しい風を吹き込んだピケティの功績に傷がつくと考える必要は全くない。ピケティの功績は讃えて讃えすぎるということはないであろう。

ピケティも最近ではタックス・ヘイブンに関心を向けて、研究を進めているそうである。

第5章

国際的租税回避とBEPS

1　国際的租税回避の問題と国際金融システムの問題

一国の税制を考える上で、その国際的側面を考慮しないで議論をすることが出来ないということは１９９０年ころから長らく指摘され続けて来たことである。

法人税制を考える上で自国企業の競争力ということを考えて法人税率を引き下げなければならないか否かは現政権下の最重要の論点である。また、ｅ−コマースの進展によってクロスボーダーの取引についての消費税課税の問題についても東京でＯＥＣＤの会議が開催されたりしているほどであり、対応する税制改正も２０１５年に行われた。

公平・公正の観点から基幹税として所得税を選択するという論陣を張るのであれば、高額所得者・多国籍企業の国際的租税回避を防遏《ぼうあつ》する方法について、きちんとした説明をすることができなければ議論をする資格はない。

かてて加えてと言うべきであろうか、キプロスの金融危機があり、また国際調査報道ジャーナリスト連合（ＩＣＩＪ）が、ブリティッシュ・バージン・アイランドほかのタックス・ヘイブンの秘密資金のデータを入手して公表に踏み切ったりしている。

また、グーグル、アマゾン、アップル、スターバックスなどの多国籍企業（というよりは無国籍企業）が世界のどこにも真っ当に納税をしていないこととその租税回避スキームが次々と明らかにされている。

これらのデータから伺い知ることができるのは、表面に現れている経済とは全く別に、地下水脈のような資金が膨大に存在して激しく動き回っているということである。

実体経済のセクターと金融セクターの規模を比較すると、後者が前者の10～20倍になっているという解説を見たと述べたが、おそらくそうであり、タックス・ジャスティス・ネットワーク（ＴＪＮ）の推計は過少であろう。

そうすると、エコノミストがデータを集めてきて分析した結果として提示しているマクロ経済のモデルは、現実とは全く異なり、ほんの一部を描いているに過ぎないのであって、地下経済という表現はともかくとして、データとして捕捉できることのできない膨大な資金量があることになる。経済学の今あるモデルでは、これについて説明することはできていないし、金融セクターの極度の肥大化もほとんどモデルに組み込むことができていない。特に、各国中央銀行が使うマクロ・モデルは、ニュー・ケインジアンのモデルであって、このモデルには説明力がないということになる。

2　ニュー・ケインジアンのモデルの限界

２００８年のリーマン・ショック以来、世界経済はその衝撃から未だに立ち直っているとは言えない。その最大の理由は、政策当局者、中央銀行、マクロ経済学者、金融論の学者などが、自分なりに理解していると思っている世界経済のイメージが間違っているからである。

当局者や学者が前提としている経済モデルは、ニュー・ケインジアンのモデルである。このモデルの根本的欠陥は、三つほどある。第一に、金融セクターと実物セクターとが隔絶していることを把握していないこと（テイラー・ルールを内容として含んでいることが適例であろう）。第二に、金融セクターが極度に肥大化して、実物セクターとは比較にならないほど大きくなり、それが高いリターン・レートを求めて狂奔のマネーゲームを繰り広げている実際を記述できていないこと。そして第三に、そのようなマネーゲームの結果としてバブルを生じて、バブルが破裂するたびに実物セクターにダメージを与えていることについて全く説明力を持っていないことなどだ。

このような、金融セクターが引き起こすバブルとその破裂というプロセスは、動学的不均衡である。そしてそのような問題の根源にある過剰流動性は、実際には当局者や学者の視野には入って来ておらず、認識されていない。当局者や学者は、目に見える限られたデータだけでモデルを構築しており、そのモデルは基本的にはＤＳＧＥである。

即ち、ダイナミック（動学的）で、ストカスティック（確率論的）で、ジェネラル・エクイリブリアム（一般均衡）のモデルである。動学的で確率論的であることは正しいのであるけれども、最終的には一般均衡モデルであるという意味において、数年おきに生じている金融危機による不安定（不均衡）とそのもたらす経済的帰結を取り扱うことができない。ローレンス・サマーズ元財務長官は、３年に一度の割合でバブルが生じていると述べている。

当局者や学者の視野に入って来ないマネーはタックス・ヘイブンに秘匿され、シャドーバンクが運用している。

ニュー・ケインジアンが間違えるのは、タックス・ヘイブンに秘匿されている目に見えない巨額の資金量を、目に見えないからないと思い込んでいることに端を発する。

ダチョウは危険が迫ると砂に頭を突っ込んで、目に見えないから危険はないと思い込むという。ダチョウは危険を察知しているだけ、察知もしないニュー・ケインジアンよりもましであるということになる。

そうすると、リーマン・ショックを筆頭とするここ25年ぐらいの世界規模の金融危機の頻発を説明できずに拱手傍観しているしかなかったのも無理はない。

バーナンキ前FRB議長などは2004年に「大いなる安定」（The Great Moderation）という講演をして、「過去20年にわたって世界経済は日本を除いて安定を享受した」などと長閑《のどか》なことを述べていたし、リーマン・ショックの発生直後のFOMC（公開市場委員会）の議事録が公表されているけれども、バーナンキ議長がその当時に「問題は大したことではない」と言っていたことも明らかになってしまった。一流のマクロ経済学者といえどもこの程度であるのは、データも経済モデルも、もともとから間違えているからである。

このように近時の混迷の数々を見比べてくると、国際的租税回避の問題と、国際金融システムの問題とは、タックス・ヘイブンを媒介項として、目に見えないところで実はつながっているということが判明する。

リーマン・ショックの直後の第2回G20サミットにおいて、グローバル・フォーラムがタックス・ヘイブン・リストを公開して、いわゆる「ネーム&シェイム」（名指しして恥をかかせる）の方法によってタックス・ヘイブン対策を講じようとしてあまり機能しなかったということがあったが、結果はともかくとして問題意識は正しかった。ただ、効果はあまりなく、第４回トロント・サミットのあたりからこのネーム＆シェイムの手法に対する関心は薄れて行った。

３　ＢＥＰＳとＡＥＯＩ

以上に述べたようなキプロスの金融危機とそれに引き続くＩＣＩＪ（国際調査報道ジャーナリスト連合）によるデータの公表や、グーグル、アップル、アマゾン、マイクロソフト、スターバックスなどの多国籍企業（というよりは無国籍企業）が、タックス・ヘイブンを利用した節税スキームによって非常に低額の納税しかしていないことが明らかにされた。

このような騒ぎのさなかにおいて、ＯＥＣＤ租税委員会が開始したＢＥＰＳ（Base Erosion and Profit Shifting／税源侵食および利益移転）プロジェクトが公表された。

これは国際租税の制度的仕組みが全く機能不全に陥っているのではないかとの反省から

スタートしたものである。発案者は、ＯＥＣＤ租税委員会の米国の委員である。

スターバックスの節税に、英国庶民が激怒して、ボイコット騒ぎを起こしたことをきっかけに、英国のキャメロン首相が、自国がホストする２０１３年のロック・アーン・サミットにおいて、このＢＥＰＳ構想をサポートするコミュニケを出した。そして、同年９月のＧ20サンクトペテルブルグ・サミットでＧ20／ＯＥＣＤプロジェクトに昇格した。

実行されるかどうかの見通しは今の時点では何とも言えないとしても、成功すれば国際租税制度の世界では時代を画するものとなるかも知れない。

税務行政執行共助条約の署名国数も増えているし、ＦＡＴＣＡをベースにした自動情報交換のメカニズム（ＡＥＯＩ）の策定も急速に進んでいる。

4　ＢＥＰＳの弱点

ＯＥＣＤ／Ｇ20のプロジェクトであるＢＥＰＳ（税源浸食および利益移転）は、15のアクション・プランで出来ている。

グーグル、アップル、アマゾン、マイクロソフト、スターバックスの節税策として知られるダブルアイリッシュ・ウィズ・ア・ダッチサンドイッチやスイス・トレーディング・カンパニーのようなグローバルな節税スキームを眺めていて、ＢＥＰＳの15のアクション・プランでうまくカバーできると思えるであろうか。

ＢＥＰＳの15のアクションは、これまでの諸問題の単なる棚卸しに過ぎないのではないか、この15アクションでよってたかって上述のダブル・アイリッシュ・ウィズ・ア・ダッチ・サンドイッチやスイス・トレーディング・カンパニーなどのスキームに対抗できるのか、という批判が考えられる。

7	**恒久的施設（ＰＥ）認定の人為的回避の防止** 人為的に恒久的施設の認定を免れることを防止するために、租税条約の恒久的施設（ＰＥ：Permanent Establishment）の定義を変更する。	2015年 ９月
8	**移転価格税制（①無形資産）** 親子会社間等で、特許等の無形資産を移転することで生じるＢＥＰＳを防止する国内法に関する移転価格ガイドラインを策定する。 また、価格付けが困難な無形資産の移転に関する特別ルールを策定する。	2014年 ９月
9	**移転価格税制（②リスクと資本）** 親子会社間等のリスクの移転又は資本の過剰な配分によるＢＥＰＳを防止する国内法に関する移転価格ガイドラインを策定する。	2015年 ９月
10	**移転価格税制（③他の租税回避の可能性が高い取引）** 非関連者との間では非常に稀にしか発生しない取引や管理報酬の支払いを関与させることで生じるＢＥＰＳを防止する国内法に関する移転価格ガイドラインを策定する。	2015年 ９月
11	**ＢＥＰＳの規模や経済的効果の指標を政府からＯＥＣＤに集約し、分析する方法を策定する。**	2015年 ９月
12	**タックス・プランニングの報告義務** タックス・プランニングを政府に報告する国内法上の義務規定に関する勧告を策定する。	2015年 ９月
13	**移転価格関連の文書化の再検討** 移転価格税制の文書化に関する規定を策定する。多国籍企業に対し、国毎の所得、経済活動、納税額の配分に関する情報を、共通様式に従って各国政府に報告させる。	
14	**相互協議の効果的実施** 国際税務の紛争を国家間の相互協議や仲裁により効果的に解決する方法を策定する。	2015年 ９月
15	**多国間協定の開発** ＢＥＰＳ対策措置を効果的に実現させるための多国間協定の開発に関する国際法の課題を分析する。その後、多国間協定案を開発する。	2014年 ９月 2015年 12月

◆BEPSの15のアクション・プラン

行動	概　要	期　限
1	**電子商取引課税** 電子商取引により、他国から遠隔で販売、サービス提供等の経済活動ができることに鑑みて、電子商取引に対する直接税・間接税のあり方を検討する報告書を作成。	2014年 ９月
2	**ハイブリッド・ミスマッチ取決めの効果否認** ハイブリッド・ミスマッチ取引とは、二国間での取扱い（例えば法人か組合か）が異なることを利用して、両国の課税を免れる取引。ハイブリッド・ミスマッチ取引の効果を否認するモデル租税条約及び国内法の規定を策定する。	2014年 ９月
3	**ＣＦＣ税制の強化** ＣＦＣ税制（一定以下の課税しか受けていない外国子会社への利益移転を防ぐため、外国子会社の利益を親会社の利益に合算）に関して、各国が最低限導入すべき国内法の基準について勧告を策定する。	2015年 ９月
4	**利子等の損金算入を通じた税源浸食の制限** 支払利子等の損金算入を制限する措置の設計に関して、各国が最低限導入すべき国内法の基準について勧告を策定する。 また、親会社間等の金融取引に関する移転価格ガイドラインを策定する。	2015年 ９月 2015年 12月
5	**有害税制への対抗** ＯＥＣＤの定義する「有害税制」について ①現在の枠組みを十分に活かして（透明性や実質的活動等に焦点）、加盟国の優遇税制を審査する。 ②現在の枠組みに基づきＯＥＣＤ非加盟国を関与させる。 ③現在の枠組みの改訂・追加を検討。	2014年 ９月 2015年 ９月 2015年 12月
6	**租税条約濫用の防止** 条約締結国でない第三国の個人・法人等が不当に租税条約の特典を享受する濫用を防止するためのモデル条約規定及び国内法に関する勧告を策定する。	2014年 ９月

表の一番右の欄に期限が示されている。半分ほどは２０１４年９月に、残りの半分ほどは２０１５年９月を期限としており、わずかなものが同年12月を期限としていることが、見て取れる。２０１４年９月を期限とする7アクションについては、公表済みである。本書の出版直後には第２弾も公表されていることであろう。

このようにタイトなスケジュールとなっている理由は米国民主党政権残任期のうちに仕上げてしまわなければ、仮に共和党政権になった場合には、プロジェクトそのものが潰されてしまう可能性があるからだという。非常にタイトなスケジュールの作業である。

実際に米国共和党の議会指導者が既にＢＥＰＳ批判を始めている。また、アクション15の多国間協定の準備会合に、米国は参加していない。

5 自動的情報交換（ＡＥＯＩ）

また、国際租税制度の重要な進展は、グローバル・フォーラムで進められている自動的情報交換（ＡＥＯＩ）によっており、ＢＥＰＳにおいて取り扱っている情報交換は、上記の移転価格の文書化にとどまっている。これを見るだけでもＢＥＰＳの包括性についての疑念が残る。

情報交換については、ＯＥＣＤモデル租税条約26条のコメンタリーに記述があり、一般的に、①要請に基づく情報交換、②自動的情報交換（ＡＥＯＩ）、③自発的情報交換の３つのカテゴリーに分類されている。

現時点で、進捗しているのは、①の要請に基づく情報交換のピア・レビューと、②の自動的情報交換の枠組み作りである。

要請に基づく情報交換については、グローバル・フォーラム内で、ピア・レビュー（加盟国相互審査）が行われており、格付けなども進んでいるが、焦点はＡＥＯＩの方にある。ＡＥＯＩは、ＢＥＰＳの枠組みとは別に、グローバル・フォーラムのプロジェクトとして進められている。

ＡＥＯＩは、元はと言えば、米国の国内法であるＦＡＴＣＡ（Foreign Account Tax Compliance Act）の制定が、発端である。

ＦＡＴＣＡとは、米国のＩＲＳ（内国歳入庁）が、外国金融機関（ＦＦＩ）と契約を結び、外国金融機関に口座を有する米国人の情報を提供させるものである。かつ、非協力口座については30パーセントの源泉徴収税までをもペナルティとして用意しているというものである。

これは、公法は水際で止まる（Public law stops at the water's edge.）という国際公法上の国家主権原則から見れば異様であるが、基軸通貨国である米国でなければ立法することさえ考えられないものである。

前例としては、米国がマカオにあるバンコ・デルタ・アジアの北朝鮮の口座を閉鎖させたというケースがあるが、これはまさしくUSドルが基軸通貨国であり、コルレス契約の仕組みがあるからこのように外国に対する強制力の発動を可能としたものである。

しかしながら、このFATCAのスキームは流石に執行管轄権の問題をクリアすることは出来ず、実際に米国内で施行されたのは2014年7月であり、かつその内容は当初案とは相当に異なるものとなっている。

諸国のFATCAに対する反応は、2種類に分かれた。第1グループは、日本や香港などである。日本は、個人情報保護法を理由として、租税条約に基づく情報交換の一形態として米国の要請に対処しようとするものである。第2グループは、英独仏伊西などである。

このような仕組みは望ましいものであるから、相互性を条件に対応しようということになった。このうち、第2グループ諸国は、米国との間でモデル1という政府間取決め（ＩＧＡ：Inter-governmental Agreement）を締結し、第1グループ諸国は、モデル2というＩＧＡを締結している。

グローバル・フォーラムは、このＦＡＴＣＡに触発されて、自動的情報交換のグローバルモデルを、ＦＡＴＣＡを多国間に応用する方向で構築することとし、２０１３年Ｇ20ザンクトペテルブルグ・サミットに提案した。２０１４年2月13日には、ＯＥＣＤ租税委員会による「税務当局間の共通報告基準」（Common Reporting Standard）を、２０１４年2月Ｇ20シドニー蔵相中央銀行総裁会議に提出した。

結果として、93法域がＡＥＯＩの実施にコミットしており、２０１７年組と２０１８年組の2グループに分かれて、最初の自動情報交換に着手することとなっている。日本は２０１８年組である。米国はこの中には入っていない。独自のＩＧＡ路線を進めている。

6　ＦＳＢ

さらに、問題の根本的解決は、国際租税制度の内枠だけでは導けないのでないか、国際金融システムの問題の解決策とセットである必要もあるのではないかという問題もある。

この国際金融システムのオーバーホールの問題は、現在ＦＳＢ（金融安定理事会）において進められている。

ＦＳＢ（フィナンシャル・スタビリティ・ボード、金融安定理事会）は、２００９年のロンドンの第２回Ｇ20サミットのときに、従前のＦＳＦ（フィナンシャル・スタビリティ・フォーラム）が格上げされたものである。そして同時にその傘下に、バーゼル銀行監督委、ＩＯＳＣＯ、ＩＡＩＳという銀行・証券・保険の監督者の国際機構や、ＩＭＦ・世銀、ＯＥＣＤ、ＢＩＳ（国際決済銀行）、ＩＡＳＢ（国際会計基準審議会）等も組み込まれた。

そしてＦＳＢによって、グローバル・プルーデンシャル・レギュレーションについての作業を行うことが決められた。プルーデンシャル・レギュレーションとは、邦訳するとすれば、「健全性規制」である。

ＦＳＢにおいて主要な議題として処理されているものは、カーニイ議長がG20各国首脳にあてた総括レターを引用すれば、バーゼルⅢ、シャドーバンキング、店頭デリバティブ市場改革、システム上重要な金融機関（ＳＩＦＩ）、ＬＥＩ（法人識別子）などのテーマである。

本来的には、リーマン・ショックを引き起こした奔流する過剰流動性によるマネーゲームが再び起きることを防ぐためには、ＢＥＰＳとＦＳＢの作業は両輪でなければならない。

7 問題の本質

さて、事柄の本質は、①金融セクターの肥大化（デリバティブ取引の進展とレバレッジが主なエンジンである）、②金融セクターと実物セクターとの乖離（リターン・レートの大きな格差による）、③金融セクターによる狂奔のマネーゲーム、④バブルの生成、⑤バブルの破裂による実物セクターへの被害⑥Too big to failを理由とするメガ金融機関の救済（ＡＩＧケース）、⑦それに伴う過剰流動性の新たな供給（グリーンスパン・プット）、

⑧過剰流動性による次のバブルの生成、というメカニズムにある。

ＢＥＰＳサイドにはどうもこのような認識がなく、国際租税制度固有の世界に閉じこもって租税制度改革だけを考えている節が見える。そうすると、ＢＥＰＳの枠組みを眺めていて、この程度のことで済むのか、という感想を持たないではいられない。

狂奔のマネーゲームによる被害者は一般の納税者である。納税者が自覚して勉強してモノを言う、ということは義務である。

第6章

ピケティの『21世紀の資本』を読む

1　ピケティ『21世紀の資本』のインプリケーション

所得および富の分配の公平・公正についてのデータによる解析

トマ・ピケティの著書『21世紀の資本』については、先に第4章においてタックス・ヘイブンの資金規模の推計の文脈で若干のコメントをした。

この著書は、所得および富の分配の公平・公正という概念を議論する上で大きなインパクトを与えた。

今までは公共経済学においても税制の議論においても、データなしに机上の空論を戦わせていたところであるが、ピケティはデータに基づいて議論をすることを可能にした。この功績はいくら賞賛してもしきれないほどに多大である。

若干のコメントをしよう。ひとつには、原語のcapitalというフランス語は二義があるということである。すなわち、一つは日本語で普通に「資本」という意味で使われている場合であり、もう一つは日本語で「資産」という意味で使われている場合である。

前者のようにキャピタルを資本というように訳せば、マルクスの『Das Kapital』のイメージであって分かりやすいところである。典型例は、α（国民所得の中で資本からの所得の占める割合）であって、これは労働分配率の補集合概念であり、資本と労働という2つの生産要素の間における所得の分配を扱っている。後者のように「資産」の意味で使っている典型例は、資本収益率としてβを定義している場合の分子のキャピタルであって、これは本来、富とか資産という訳がふさわしい。資本課税という概念も実際には資産課税であって、資本に対する課税ではない。

ちなみに、OECDモデル租税条約の英文原題は、OECD Model Tax Convention on Income and on Capital であるが、この場合のキャピタルはあくまで資産であって、会計学的な資本（「純資産の部」）を意味していない。

このようなle capital という語の二義性はフランス語の欠陥ともいうべきであって、著者も当初から明確に意識していることを述べている（邦訳50ページ）。訳文として資本と資産を使い分けても良かったかも知れない。ただ、著者ピケティがあえて混乱に乗じている部分もなきにしもあらずであるから、いざ使い分けて訳すとなるとどちらの意味で訳したら良いのか困る場合も多々あるであろう。

法人所得課税について

法人税について、経済学的には法人所得課税は、本質的に法人が負担するという概念はなく、個人所得課税の前取りであるというのが基礎的理解である。このことは、法人税に関する第9章第2節で再び論じる。ピケティが邦訳590ページ（英訳版では560ページ）で、理想的な税制において「源泉徴収税の一種でしかなくなる」と述べているのは、経済学者としての典型的な言明である。

法人所得課税をそのようなものとして取り扱った議論を展開しているのは、このように、経済学的には普通のことである。

ただ、それと同時にアップル、グーグル、アマゾン、マイクロソフト、スターバックスなどのＭＮＥ（多国籍企業）によるクロスボーダーの取引を利用した租税回避についての問題点がある。

即ち、大規模なＭＮＥの株主は富裕層が多く、ＭＮＥと同様にクロスボーダーの取引を利用して節税策を講じているであろうから、結局ＭＮＥが稼得する所得は、その発生の当初から、「帰着（incidence）」する最後まで、ほとんど租税負担を負うことをしないであろうという不公平・不公正である。

日本の個人所得課税のデータでいえば、申告所得税の実効税率は1億円を境に漸減傾向にあるが、1億円を超える高額所得者層は株式のキャピタルゲインについて源泉分離課税に服しており、その納付税額は当然ながらキャピタルゲインの額に比例して増加する。

このような逆進性を財務省が公表する図示されたデータで把握することは容易である。ピケティ著書では同じ590ページで、グローバル・ベースでこれを取り上げて、もっと過激に、法人段階で課税されなかった所得が個別株主の課税所得にも算入されていないとの趣旨を述べているところである。

ピケティにおけるタックス・ヘイブンの取扱い

アップル、グーグル、アマゾン、マイクロソフト、スターバックスなどのMNE（多国籍企業）による国際的租税回避のスキームを作るにおいて不可欠なコンポーネントは、タックス・ヘイブンである。

ところが、この点についてピケティの著作は比較的慎重である。邦訳484ページ（英語版では466ページ）において、巨額の金融資産がタックス・ヘイブンに秘匿されているると述べ、その額は世界GDPのおよそ10パーセントであるとする。そして引き続き、その額を2～3倍であると推計しているNGOについても触れているが、このNGOとはタックス・ジャスティス・ネットワーク（TJN）のことである。このことは、タックス・ヘイブンの資金規模のところで述べた。

　しかしながら、TJNの推計さえ過小であると考えられる。これは、キプロス危機およびICIJ（国際調査報道ジャーナリスト連合）が明らかにしつつあるタックス・ヘイブンのデータ、並びに、BIS（国際決済銀行）の2013年のデリバティブ取引の統計（13年末の想定元本710兆ドル）および外為取引統計（1日当たり取引額5・3兆ドル）をベースとする。ICIJによる連続4弾の秘匿情報の公表によって、ますます間接証拠が増強されているということである。特に、ICIJのデータベースは、350ギガバイトであるとはいえ、BVI、クック諸島、シンガポールを中心とする局所的なものに過ぎない。

　ピケティは、キプロスについては16章に1節を設けて記述しているが、ICIJについては触れるところがない。富の分配の公平・公正についての記述としては、ICIJのデータは今後においてますます重要な役割を果たしていくことになろうから、この点は問題である。

ピケティによる国際課税の提言

所得課税が担税力に最も適合した課税であることは、大方の合意が見られるところである。

しかしながら、個人所得課税における累進構造の導入による所得分配の公平・公正という議論は、国際的租税回避によって一国の努力としては無効化されている。このため、所得税による所得分配の公平・公正の実現を論じる論者は、国際的租税回避に対する有効な案を併せて提示するのでなければ、無責任であるとの批判を免れ得ない。

ピケティは、この問題を十分に意識していて、国際的協調による解決を提案している。しかしながら、その実効性ある実現については情報共有を提示することぐらいしかできていない。

OECDグローバル・フォーラムにおける自動的情報交換の枠組み

自動的情報交換（AEOI）については、第5章で述べた。

ただ、いくら自動的に情報交換をすると言っても、参加しないタックス・ヘイブンはいくらでもあるし、参加したタックス・ヘイブンにおいて当局が情報を収集していないのであれば交換のシステム自体が空振りに終わる。

ケイマン諸島の首都ジョージタウンに行くと、ケイマン諸島の政府機関は、そのすべてが5階建てのビル1棟に収められている。このような政府の陣容で、提供すべき情報が政府によって把握されているはずもない。ＡＥＯＩや、ＴＩＥＡ（租税情報交換協定）や、税務行政執行共助条約が、整備されたとしても、肝心のタックス・ヘイブンの行政当局が何の情報も収集していないのであれば、情報交換は画餅に帰する。

ピケティ流の国際協調課税の議論は、前途多難である。

2　ガブリエル・ズックマンの『タックス・ヘイブンの経済学』

２０１５年3月になって、そのズックマンが推計の根拠を述べている書物が邦訳で出版された。『失われた国家の富――タックス・ヘイブンの経済学』（ＮＴＴ出版）である。

この書籍に対し批判すべき点は多々あるが、その筆頭はタックス・ヘイブンに秘匿されている資産をあまりにも過小に推計していることである。ズックマンの推計根拠は、国際経済統計にいわゆるディスクレパンシーをベースにしている。ディスクレパンシーというのは直訳すると「不一致」であり、統計の帳尻があっていなければならないのに、債権と債務の総合計があわないようなことで、通常は「誤差脱漏」と説明される。特に、国際収支統計について巨額になることが著名である。

それはともかくとして、ズックマンの原著が刊行された2013年秋頃には、既にICIJによるデータベースが公刊され始めていたのに、これについての記述はひとつもない。ズックマンは、ICIJのデータを知らなかったわけではなく、どうやらICIJのデータがBVIに偏ったものであったことから推計の根拠としては使えないと評価している形跡がある。しかしながらICIJのデータベースが次々と新事実を明らかにして行くのに従って、今後のズックマンはICIJのデータと格闘して自らの過小推計を正していく責任を負うことになるであろう。

そうでなければピケティの業績も中途半端なものに終わってしまう。ただし、既述のように、ピケティも今ではタックス・ヘイブンに注目して研究を進めているという。

ピケティに通じる国際課税を提唱

ズックマンの書籍で評価すべきは、どのような方策をとればタックス・ヘイブン問題を解決できるかを具体的に提言していることである。この点も国際資産税を提言しているピケティと共通する。解説者である渡辺智之教授による要約を用いると、ズックマンは、①全世界規模での金融資産台帳の作成、②タックス・ヘイブンに対する金融面・貿易面での制裁措置、③金融資産台帳をもとにしたグローバルな資産課税、④多国籍企業に対する定式配分法の導入——という具体論を展開している。

このうちの③はピケティの国際資産税と同じものであろう。④の「定式配分法」は、OECDが移転価格ガイドラインで強硬に反対し続けているものであって、MNE（多国籍企業）の所得ないし税額を何らかの指標によって関係諸国間で比例配分するというアイデアである。原語で、global formulary apportionmentというが、この方が分かりやすいであろう。

これら①から④の提案は、言うは易く行うは難い提言である。ただ、だからと言って最初から無理だと決めつけるべきではない。特に②の制裁措置は重要である。

3　ニコラス・シャクソン『タックス・ヘイブンの闇』の突きつける問題

タックス・ヘイブンは島である

最大の問題は、ニコラス・シャクソンによる、この分野におけるパイオニアリング・ワークである『タックス・ヘイブンの闇』が活写するように、世界最大のタックス・ヘイブンは島ではあるけれども、椰子の茂る美しい白浜の島ではなく、マンハッタン島とブリテン島（のシティ）であるという事実である。

英国がシティを頂点として、ガーンジーとジャージーのチャンネル諸島やマン島という近隣の王室属領を第2層とし、カリブのケイマン諸島、バハマ、ＢＶＩ等を第3層に、同心円構造を持つ金融帝国を築き上げているという事実、タックス・ヘイブン対策については表では推進しつつ、裏で足を引っ張っている事実についても、ズックマンは全く触れていない。

米国がウォール・ストリートから財務長官を送り込んでいることにも触れていない。英米両金融大国のこのような実情に全く触れることさえしないで、①から④のような提言をするということであれば、責任ある提言とは理解することが難しい。なお、ズックマンは、米国のFATCA（外国口座税務コンプライアンス法）については述べていて、否定的に評価している。

自動的情報交換システムの構築がグローバル・フォーラムを中心に進められているけれども、参加している途上国型タックス・ヘイブンが情報を収集していなければ、税情報を自動的に交換するメカニズムができたとしても何の役にも立たない。

なお、スイスがオフショア・センターとして勃興していく有様を描いた部分は面白い。米国によるUBSのバッシングによって、スイスの銀行秘密法体制は事実上崩壊したと思っている楽観的見方は、ズックマンによるとどうもあやしいらしい。

4　ブリュノ・ジュタンの『トービン税入門』アイデア

トービン税入門

ブリュノ・ジュタン著『トービン税入門』（2006年、社会評論社）は、トービン税についての解説書である。トービン税については第9章第5節で触れる。

この書籍には、タックス・ヘイブンを、先進国経済から切り離す方法論がなくはないことを述べている。

バンコ・デルタ・アジア事件

大分前になるが、マカオにあるバンコ・デルタ・アジアという銀行に、北朝鮮の口座があり、これが米国によって封鎖されたという事件があった。

このようなことが可能であったのは、各国の銀行が最終的にドルで取引をする場合に、それぞれの銀行は米国に所在する銀行にあるコルレス口座を介してドル取引をしなければならないからである。コルレスとは、コレスポンデンスの略称である。日本人とサウジアラビア人が、ビジネスをして、その決済はドルで行うとすると、両者がそれぞれ自分の国の銀行を通して決済をしようとするであろう。ところが日本の銀行とサウジの銀行は、相互にドル取引をすることができない。それぞれが、米銀に持っているコルレス口座によってドル建て決済をするしか方法がない。そうすると、米国がマカオにある北朝鮮の口座を封鎖するというようなこともできることとなる。

ジュタンのアイデア

ジュタンは、このように、タックス・ヘイブン所在の金融機関であっても、結局は何らかの形で国際的メガ金融機関に結びつけられているはずであるから、先進国がその気になれば、タックス・ヘイブンを国際金融の世界から切り離すことは可能であるという。

そうすると最後は、シャクソンの言う世界の2大タックス・ヘイブン（マンハッタンとシティ・オブ・ロンドン）を擁する英米両国のやる気の問題に還元されてくるわけである。

第7章

成長政策批判

1　成長VS長期停滞論

さて、ピケティに触発されて、所得および富の分配の公平・公正を議論する場合において、その解決策として成長の持続によって解決が得られるとの主張がある。これは正しいであろうか。

上げ潮派の誤謬

水野和夫『資本主義の終焉と歴史の危機』（2014年、集英社新書）は、この暗黙の前提が誤りであるという認識を突きつけるものである。同著は、週刊ダイヤモンドの2014年経済書ベスト・テンのトップに選ばれているからその壮大な歴史観に触れるべきである。

この書籍には、明示では使われていないけれども「自然利子率（natural rate of interest)」という経済学上の概念が出て来る。証明には手間がかかるからここでは省略するが、一定の前提を置けば、自然利子率は潜在成長率とほぼ同等となる。水野著書は、自然利子率を観察した上で、成長は終わりを遂げ、これに伴って資本主義は終焉を迎えるとする。熟読玩味すべきハイレベルの議論である。

ピケティ

ピケティも超長期的な成長率を1%がせいぜいであるとしている。日本のように人口減少に直面している経済が、人口減に伴う成長率低下の寄与分をカバーする成長力があるかははなはだ疑問であり、長期的にマイナス成長に陥る可能性は排除できない。なお、政策的に成長を達成することができるという発想は、短期のケインズ的経済政策と、長期の成長理論とを混同するものである。短期の経済政策を長く続けても効果はないし、その副作用だけが残って事態を悪化させる可能性の方が高い。

サマーズの長期停滞論

ローレンス・サマーズ元財務長官は、NABEにおける講演で長期停滞論(secular stagnation)を述べた。この論文については検索エンジンで容易にみつけることができる。

これらの議論は、それぞれにプレゼンテーションが異なるけれども、その方向性には一致が見られるように思われる。

所得および富の分配の公平・公正の議論には、新しい次元が加わったように思われる。

2　アベノミクスの評価

アベノミクスは「成功」というには無理があろう

アベノミクスは成功しているのか否かについてのメディアの質問を受けることも多いが、アベノミクスが成功であったというには無理があろう。

もし、アベノミクスが成功であったのであれば、ＧＤＰが２四半期連続してマイナスとなることはないはずであるし、日銀が２０１４年10月30日に量的緩和の第二弾を打つ必要もなかったはずである。そもそも消費税の増税を１年半も延期する必要はなかったはずである。

アベノミクスが成功であったならば、予定通りに消費税の増税を行って、なおかつ日本経済が順調に推移して行くというシナリオが実現しているはずであった。仮にマニフェストとしてそのようなシナリオを明言してはいなかったとしても、アベノミクスとはそういう経済状況の約束だったのである。

ＧＤＰが２四半期連続してマイナスとなったことを消費税の８％への増税の影響を理由にすることはできない。消費税の増税の駆け込み需要の反動が２四半期連続することはないからである。

３　クロダノミクス

対症療法に終始したクロダノミクス

なぜうまく行かないのか。

それは、アベノミクスの３本の矢のそれぞれに欠陥があるからである。

アベノミクスの第１の矢であるクロダノミクスを見てみよう。そもそもアベノミクスの３本の矢といっても、実際に中身があって発動されているものはクロダノミクスしかない。アベノミクス・イコール・クロダノミクスなのである。

クロダノミクスに効き目がなかったのは、重度の肺炎にかかっている患者に、根本的治療を加える代わりに、モルヒネを大量投与して症状を緩和するという対症療法だけだからである。クロダノミクスのような劇薬を、しかも2回も投与すれば、症状は緩和しているように見える場合があるのは当然である。経済指標のあれこれを拾って来て、クロダノミクスは奏功したという議論は、モルヒネで熱が下がっただろうとか痛みがひいただろうと言っているのに等しく、別に病が癒えたというわけではない。

むしろ問題は、劇薬による副作用なのであって、長い目で見ると、余計なことをしたばかりにかえって病状は悪化してしまいましたということにもなりかねない。

特に、じゃぶじゃぶ金融政策によって、金利がマーケットの指標としての機能を失ったことは大きい。国債市場と株式市場における日銀の存在が大きくなり過ぎて、自由主義市場経済とは呼べなくなって、金利が指標としての役割を失っている。

国債の利回りがマイナスとなる状況は異常であり、やがて出口を模索しなければならない時期が来ると、国債価格は暴落して、長期金利が上昇を始めることになる。

リーマン・ショックという百年に一度の一大経済危機のあとで、それまでは惨憺たる経済であると見られていた日本経済の評価が急に変わった。JGB（日本国債）とJPY（日本円）が、突然、安全資産と見られるようになって、いずれも高値をつけるようになった。

これはなぜだろうか。

世界市場というマーケットにおいて、米欧の経済が痛めつけられている状況の中で、ふと日本国を見ると「なんだ、失われた20年などと言ってひどい経済・財政だと決めつけていたが、相対的にはそれほどでもないではないか」ということに見方が変わったからである。

特に、「日本の財政状況はまだ増税の余地があるし、日本人はまじめで勤勉だから大丈夫だろう」と思われたことが大きい。そのような状況下で、やはり消費税の増税を予定通りには完遂できずに1年半も先送りしたのかということになれば、ＪＧＢもＪＰＹも安全資産として見てもらえることはなくなる。

増税のマイナス効果よりも増税しなかったことのマイナス効果の方が怖いということは考えておく必要がある。

国債価値下落による2つの問題点

ＪＧＢの買い手がいなくなるとどうなるのであろうか。国債の価値は下がる。その逆数としての利回りは高くなる。そして、長期金利が上昇していくのである。この長期金利の上昇ということは、2つの側面から大問題となる可能性を持つ。

第一、銀行が大量に保有している国債が減価すると、会計基準によって時価評価を義務付けられているから銀行に損失が立つ。バーゼル自己資本規制もあるから、銀行は貸し渋りと貸しはがしに走らざるを得ないことになる。クレジット・クランチである。当然に経済にはダメージが出る。ギリシャやイタリアで起きていることである。

第二に、日本の一般会計予算は96兆円余りで、そのうち公債費は23兆円である。さらにそのうちの利払い費は10兆円である。金利が上昇すれば利払い費が増加していくことは避けられない。そしてこれが急速に膨らむようになるから、経常経費を圧迫していくことも避けられない。財政は緊縮的になるから、こちらも当然に経済にダメージを与える。

マーケットにおける信認ということはかくも大事なことなのである。消費税の10%への増税を先送りすることとのマイナス面とはこういうことであり、増税をすることによるマイナス面よりも大きい可能性がある。それに加えて2015年末には日銀の保有する国債が350兆円に達するという。日本のGDP500兆円の7割である。米国の場合でさえ2割である。自由主義市場経済とは思われないこのような異常値が生む副作用がその上に乗る。アベノミクスとはこういうことである。

円安と株高

円安と株高について触れておこう。

円安になって良かったと言えるであろうか。そもそも日銀が異次元の金融緩和に踏み切った時に、黒田総裁は各国に円安誘導を目的とする金融緩和ではないと必死で説明してまわっていたはずである。

日銀による金融緩和で円安になったけれども、これがアベノミクスの成果であるなどということは今になって言えないはずである。しかも円安になったから輸出が増えてＧＤＰを押し上げているというわけではない。円相場に左右されるような輸出産業は既に海外の需要地に出て行ってしまっているから、円安で輸出が増えるという経路は細くなっているのである。かつては「空洞化」を恐れる論調は高かったけれども、最近では空洞化という言葉を聞くことも少なくなった。他方、円安による円建て輸入価格の上昇で、輸入物価の上昇が引き起こされている。クロダノミクスが目指す２％の物価上昇率といえども、２％ならばなんでもよいというわけではない。コストが上昇するコスト・プッシュ・インフレと、需要が旺盛で需要にひっぱられて上昇するディマンド・プル・インフレとは区別される。前者は悪いインフレで、後者は良いインフレである。円安のもたらすインフレはコスト・プッシュの悪いインフレである。クロダノミクスは、2年間で2%というインフレ率の公約に自縄自縛となって、コスト・プッシュ・インフレでもなんでもいいという自暴自棄的政策態度になっているとしか思われない。

株高はいいことなのだろうか。

株が企業の実力を反映して高くなっているというのであれば結構なことである。そうではなく、じゃぶじゃぶの金融政策によって余った金が株式市場に向かっているだけだとしたら、これは資産バブルである。既に1980年代の末に経験した道である。株価も、上がればよいというものではない。

ETFの日銀購入によって株式市場に安心感があるから、資金が流入しているのであるとすると、これはますます問題である。PKO（プライス・キーピング・オペレーション）のような人為的な方法で支えられている株価というものは、いつ何時マーケットが牙を剥くかは分からない。

気が付いた時には遅い。政策的に下手な小細工をするべきではない。

４　ケインズとシュンペーター

短期の需要、長期の供給

長期的な経済成長というものは、供給サイドにおけるイノベーションによって生じる。このことを主唱するのはシュンペーターである。

経済は需要によって成長するわけではない。供給サイドでイノベーションが起きるとしてもそれは需要に引っ張られてのことではない。ロバート・ゴードンなどによると、技術革新の勃興期は３次にわたって生じたと説明される。英国におけるいわゆる第１次産業革命（１７５０年〜）は、軽工業において生じたもので実際には緩慢な過程であった。電灯と内燃機関の発明を嚆矢として副次的な技術革新を次々と呼び起こしたグレート・インベンションズによる第２次産業革命（１８７０年〜）はこれとは異なり、歴史的には異例の長期の経済成長をもたらした。第３次産業革命（１９７０年〜）はＩＴによるものであったが、生産性の向上や成長に資するところは大きくはなかったとされている。いずれにせよこれらはすべて、供給サイドのイノベーションが引き起こしたものであって、需要は新しく提供された供給によって引き起こされた。

ケインズも、自分が唱える政策的需要喚起によって、成長が引き起こされるとは考えていなかった。あくまでも短期に限定した議論であった。

このあたりのことは、吉川洋『いまこそ、ケインズとシュンペーターに学べ』（２００９年、ダイヤモンド社）に正確かつ詳細な記述がある。

ケインズはあくまでも短期の対症療法としての政策発動であるに過ぎないことを認識していたのである。

アベノミクスの第2の矢と第3の矢

アベノミクスの第２の矢は、財政出動であったが、人員不足というボトル・ネックによって、効果があるないどころの話ではないことに終わっている。

アベノミクスの第３の矢は、成長戦略であることとなっているが、成長は供給サイドのイノベーションによるものであるから、政策的に出来ることは極めて限られており、規制緩和ぐらいしか思いつくものはない。そもそも成長に効果があるような政策が存在するならば、これまでに実施されて効果を上げているはずではないか。

今まさに自然利子率がゼロの世界で、成長を政策的に成し遂げようとすることは、大変な隘路である。

第8章

民間税制調査会

ながらく準備を重ねて来た「民間税制調査会」を設立する運びとなった。共同座長は、三木義一青山学院大学教授と水野和夫日本大学教授である。

2015年2月8日には設立記念シンポジウムを盛大に行い、『税理士新聞』(1475号)でも、その模様が大きく報じられた。

シンポジウムの様子は新聞、雑誌、テレビなどでも大きく取り上げられ、各界から励ましとともに、あらためて設立趣旨についての問い合わせをたくさん頂いた。そこで本章において、民間税調の設立趣旨などを解説したいと思う。

1 民間税調の設立趣旨

国民不在の税制改革

現在、税制について企画立案を行っているのは、事実上、政府・与党の税制調査会のみである(なお、政府税調は年次改正についての答申を求められないこととなった。)。与党税調での議論は、租税特別措置という形を取った租税歳出の創出など、しばしば既得権益によるパイの政治的な奪い合いの様相を呈している。そこには、人口減少など日本経済が置かれている状況を捉えた上での、本来あるべき税制はどのようなものでなければならないかについての深い洞察があるとは思われない。

税制はそもそも民主主義の大本である。それにもかかわらず、主権者たる国民は毎年の税制改正を他人事のように眺めているのみであり、与党・政府の税制調査会の結論とその結果としての年次税制改正を鵜呑みにさせられる以外に、自主的な建議をする方策を持たない状況である。

このような一方的押し付け状態が望ましいことでないことは明らかであり、主権者たる国民が税制を考えるに当たって「他の選択肢」として考慮することができるものを提供するということが、民間税調の存在理由である。

また、政府・与党の税制調査会の審議内容は、次の2つの視点が欠落していることが顕著である。

ひとつは、グローバル・エコノミーといわれる世界市場の現状の中で、税を日本国一国の制度という枠組みだけでしか捉えていないことである。より具体的には、ヒト、モノ、カネ、情報、技術などが自由かつ瞬時に国境を越えて移動できる中で、一国の執行管轄権が国境によって制約を受けている（公法は水際で止まる。〝Public law stops at the water's edge.〟）という状況を十分に考慮していないことである。とりわけ富裕層・多国籍企業によるタックス・ヘイブンの利用について、有効な規制を考慮していないことは、所得税・法人税制度などによる所得と富の分配の公平・公正の確保ということについて、実効性の観点から重大な問題を生じている。この問題は基幹税の選択ということにも直結する。

幅広い見地からの税制議論を

政府・与党税調に欠落しているもうひとつの点は、社会保障制度が、歳出面も含めて一体として考えられていないということである。分配の公平・公正ということは、税制の最も重要な使命のひとつであるが、現在のようにこれを租税制度の内枠のみで処理しようとしても限界がある。

特に、社会保険については、社会保険料負担という直接の負担面と、受益の両面をみなければならない。社会保険料負担を、家計調査の十分位で見ると、なんと第Ⅰ分位から第Ⅵ分位までの家計において、社会保険料負担が、消費税と所得税の合計額を上回っており、

所得階級別に見た税・社会保険量（2010年）

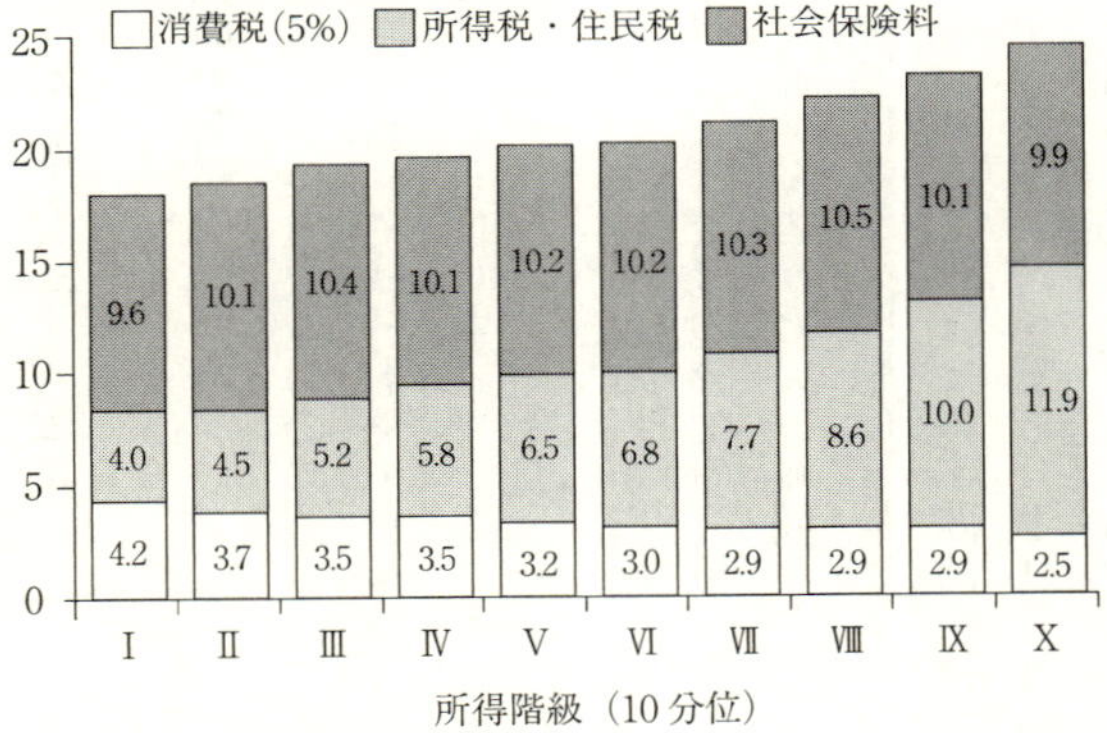

（注）所得階級はⅠが最低、Ⅹが最高

（出典：小塩隆士『税率と公平を考える』2012年、日本評論社）

分配の逆進性に寄与していることが分かる。このことについては、小塩隆士『公平と効率を問う』（２０１２年、日本評論社）の１０２ページの図を見られたい。

税・社会保障制度の一体改革は正しいアプローチであったかも知れないが、内容的にはまだまだである。給付付き税額控除の議論などはその例である。

民間税調は、以上のような見地から、党派色を持つことなく、現代日本の置かれた状況を前提に、いかなる税制が最適であるかを世に問うて、議論の活性化を目指すこととする。

2　分配の公平と公正

分厚い中間層の再構築

議論の対象となるものの筆頭は、所得および資産の分配の公平・公正である。

近時においては、トマ・ピケティの業績によって、具体的なデータをベースに議論していくことが可能になっていることなどが、これまでとは大きく異なる点であろう。

ただ、ピケティの議論は、タックス・ヘイブンにおける莫大な額の隠匿という点についての考察が欠けている点が指摘されなければならない。

所得および資産の分配の公平・公正と言った場合に、どのような基準によって公平・公正を判断するのかという難問がある。

この判断基準の問題は、最終的には科学ではなく価値判断となる。

このため、これまでの学問的業績で意見の一致が見られている部分は狭小に過ぎない。

だが、そうは言っても、１９７０年代の日本は、一億総中流と言われ、分厚い中間層の存在が強みであった。ところがバブルとその後に続く失われた20年の間に、日本の社会にはかなりの二極分化が見られるようになっている現状は看過することができない。かつての日本の社会・経済のあり方への回帰ということは、ひとつの目標とすることはできよう。

従前の公共経済学では、累進所得税による所得及び資産の分配の公平・公正が言われ、一時期は所得税単税論すら唱えられた時期があった。しかしながら、ボーダーレス・エコノミーの中で、国境を超えて所得・資産の移動が自由に行われ、国境を越える節税スキームが横行するようになり、タックス・ヘイブンに膨大な額の資産の蓄積がなされている現状に鑑みると、所得および資産の分配の公平・公正の問題を一国の枠内で考えてもほとんど全く実効性がないものとなる。国際的視野の重要性が強調されなければならない所以である。

トリクルダウンを前提としない

分配の公平・公正という議論の過程で、これまでは持続的成長を暗黙裡に前提としてきた。しかし、特に人口の減少が著しい日本経済で、ゼロないしマイナスの成長を長期のトレンドとして前提とすることも必要である。その場合、「成長のトリクルダウン効果」は前提としえないものとなる。「成長」といういわば万能薬を前提とすることはできないことについて、考え方の切り替えは避けて通ることはできない。これについては第7章で述べた。ジョゼフ・スティグリッツ『世界に分断と対立を撒き散らす経済の罠』（邦訳2015年、徳間書店）も、トリクルダウン効果を徹底的に批判している。

このように、クロスボーダーの租税回避の横行を前提として、かつ税制の枠組みだけで分配の公平・公正を達成できず、歳出面の考慮が必要であることを前提としなければならない。そうすると、日本国の税制のあり方はどうあるべきか。これについての提言を行っていくのが民間税調設立の趣旨である。提言にあたっては、少数意見の附記、さらには両論併記をもいとわずに、国民に選択肢を多様に提供していくことが民間税調の使命である。

第9章

日本国が直面する「税」の諸論点

第1節　消費税

1　基幹税

日本国の税制における最大の問題は、消費税の10%へのの引上げである。そこで消費税を巡る諸問題を取り上げる。論点は6つである。

消費税を考えるとき、問題は、EUの付加価値税（VAT）のように消費税を基幹税とするのか、また、ニュージーランドやカナダの財・サービス税（GST）のように、EUのような旧来型のVATの合理化を図るかなどの論点を含む。

2 消費税率の10％への引き上げ

論点の第1は、消費税率の8％から10％への引き上げについてである。

この問題は、日本国の税制において、基幹税としてどの税を選択するかという問題と直結していることに注意しなければならない。

政府は消費税率の5％から8％への引き上げによって消費が委縮して、2四半期連続でGDPが対前期比マイナスとなったことから、8％から10％への引き上げについては18か月施行時期を遅らせることとした。

消費税を引き上げないことのリスク

しかしながら、このように消費税率引き下げのマイナス面は議論されているが、引き上げないことに伴う危機のシナリオについての議論が全く欠如しているのはどういう訳であろうか。これが論点の第1である。

この論点には一般には看過されている重大な問題が隠されている。すなわち、日本国債

（ＪＧＢ）が安全資産とみなされている現状は、実は極めて異例であって、非常に危ういバランスの上に成り立っているということである。この点については既に第７章で検討したところであるが、もう一度取り上げよう。

２００８年のリーマン・ショックによって、米欧の経済に相当のダメージが与えられた。それに伴って、それまでは、出来損ないの見本のようにみなされてあらゆる批判を浴びていた日本経済が改めて評価し直され、日本経済に対する信認が回復した。とりわけ、日本の消費税率が低くて増税の余地があり、勤勉な日本人の国民性と合わさって、日本経済の実力が見直されたのである。その結果として、日本国債（ＪＧＢ）と円（ＪＰＹ）が安全資産と見られるようになった。

このことの意味が理解されているとは思われない。この点を逆からいえば、ＪＧＢに対する信認が崩れた場合、すなわち、日本の消費税率の引き上げが政治的に不成功に終わった場合、ＪＧＢの価格は暴落して長期金利は高騰する。そしてその時点で日本経済は大変な危機に直面する。

2つのシナリオ

そのチャンネルには2つがある。第1に、金融機関の保有する国債の価格は時価評価されて損が計上されるから、金融機関の貸し渋り、貸しはがし（即ち、クレジット・クランチ）が始まる。第2に、財政の利払い費が増大して財政の一般経費は緊縮的となる。この2つの経路を通じて、JGBの暴落と、同じことであるが長期金利の高騰は、日本経済に多大な下方圧力を持ち込むのである。

アベノミクスの第1と第2の矢、特に第1の矢であるクロダノミクスは、対症療法に過ぎず、治療薬ではない。しかも、実は非常に強い副作用を伴う劇薬である。それが既に2年も続けられている。それどころか第2弾までもが打たれた。これ自体がクロダノミクス、ひいてはアベノミクスの失敗の証左である。

2015年末時点で、日銀の保有する国債の残高は350兆円となり日本経済500兆円の7割となることについても指摘した。米国の場合でさえ2割である。政府が毎月発行する国債のほとんどすべてを日銀が購入している実態は、財政法の禁じる国債の日銀引き受けの脱法行為である。

市場でマイナス金利が成立し、利子率がマーケットにおける指標としての位置づけを失っているようではもはや健全な自由主義市場経済であるとはいえない。与党である自民党・公明党のみならず、衆院選に際して三党合意を反故にした民主党の責任も問われなければならない。

3　軽減税率

軽減税率導入の可否

第2の論点は、軽減税率を導入するべきか否かである。

公明党のHPによると、「軽減税率とは、複数税率とも言われ、食料品など生活に欠かせない品目の消費税率を標準の税率より低く抑えるものです。増税による〝痛税感〟を和らげるとともに、消費税率引き上げに対して幅広く国民の理解を得るためには、軽減税率の導入が不可欠です」とある。

また「消費税には、景気の影響をあまり受けずに安定した税収が確保できる利点がある一方、所得に関係なく同じ税率が適用されるため、低所得者の負担感が重くなる「逆進性」

の問題があります。例えば、年収250万円の人は、年収1500万円の人に比べ、およそ2倍の負担感があります」とある。

しかしながら、軽減税率を導入すれば消費税の逆進性は解決に向かうのであろうか。ここに軽減税率導入論の誤謬がある。すなわち、軽減税率は、低所得者・高所得者にかかわらず、全ての人が消費する生活必需品に適用される。従って、逆進性対策にはならず、むしろ多く消費する高所得者への恩恵が相対的に大きいであろう。また、全ての人が消費する生活必需品に適用するということは、税率を下げることと同意義である。そうすると何のための税率引き上げとなるのだろうか。

オールドVAT・ニューVAT

英国のノーベル賞受賞経済学者が著わした『マーリーズ・レビュー』には、EU型の付加価値税（VAT）に対する厳しい批判がある。

これは、EUのVATには、両大戦期における戦費調達のために導入された累積型の取引高課税の名残があるためだ。そこで、欠陥を多々引きずったEUのVATをオールドVATとしている。これに対して、ニュージーランド、豪、カナダなどで新しく入れられた

GST（Goods and Services Tax）は、歴史的経緯に基づく不自然な部分が少ないので、これをニューVATとしている。両者の差のひとつには、非課税や軽減税率に対する取り扱いの差がある。EUのVATは、課税ベースや軽減税率の多用によって、標準税率を高くせざるを得ないという無意味な政策を採っていることになる。特に英国のVATは、輸出以外にもゼロ税率を入れているなどしているから、オールドVATの旧弊の典型である。

土居英二名誉教授による軽減税率無効論

消費税率が2桁に乗ると軽減税率を導入することが不可欠であるという議論が日本ではしばしば聴かれる。これは実は必ずしも理論的にそうなるというのではないのであって、例えば標準税率がEUで最高の25％となっているデンマークにおいては、ごくわずかな例外を除いて軽減税率はない。だから標準税率の高低と軽減税率の導入とは論理的に必然の関係にあるという議論は誤りである。

とはいえ、消費税の逆進性の緩和のために税率が2桁に乗った段階で軽減税率を導入するべきであるという議論は、わが国にはある。しかしながら実際のところ、真の問題のありかは、軽減税率の導入は逆進性の緩和に本当に結びつくのかという理論的、実証的なこ

年収別にみた消費税と家計負担率
（8%→10%：食料品の軽減税率を含む）

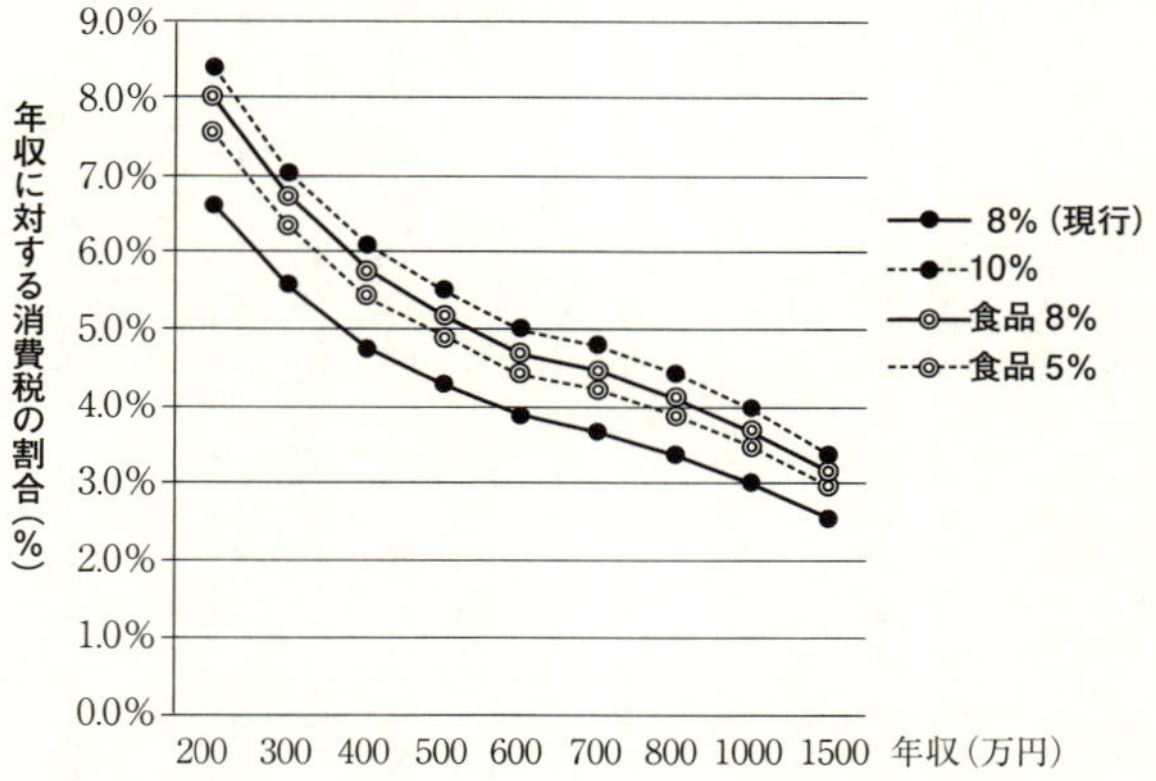

（出典：民間税調　税制検討資料No.1、平成27年）

とである。

この問題を定量的なデータによって処理したものを見よう。

経済統計学の土居英二静岡大学名誉教授が、平成27年6月9日に民間税調に提出した統計資料がある。「民間税調税制検討資料№1消費税率10％と家計負担──軽減税率を含む」である。民間税調のＨＰに行くと簡単に開くことができる。

この図1によると、消費税の逆進性は、食品に対する軽減税率を8％にしても、5％にしても、逆進性を緩和する効果はほとんど皆無である。

軽減税率導入論者は、このような統計的結果をどう見るのであろうか。

4　逆進性対策としての社会保障給付

社会保障という給付面からの逆進性緩和対策

このように、消費税の逆進性対策として軽減税率が無効ないし有害であるとすると、その対案として社会保障制度による直接給付という歳出面からの方策を考慮するというアイデアが浮上する。これが論点の第3である。

特に、マイナンバー制度は、平成28年1月からスタートし、従来はできなかった低所得者を含めて納税者の所得を正確に捕捉することが可能となるから、マイナンバー制度を利用して給付による逆進性緩和策をとるならば、低所得者に限定して、必要な人に必要な給付を行うことが可能となる。軽減税率であれば高額所得者にも恩恵が及んでしまうが、この方式であれば、そのような高額所得者の分も全て低所得者が享受できる。逆進性対策としてははるかに合理的である。給付の方法は、給付付き税額控除も一案であるし、社会保険料の未納分へ充当することも一案である。

そもそもの出発点は、「日本の再分配の構造的問題は、所得税の累進構造などという税制の内枠で片づけられるような問題ではない」ということにある。すなわち、社会保険料及び社会保障給付という歳出面を併せて考えなければ解消できないということであって、給付付き税額控除を導入すれば足りるというような程度でさえない。日本の所得税は逆進税制なのである。

社会保険料負担と租税負担

さらに、家計調査の十分位の下から6番目までは、社会保険料負担が、所得税と消費税の合計額よりも多くなっている。これは既に、１４９頁の図で見たことである。定額の要素を含み、また上限の頭打ちのある社会保険料負担は、かなり逆進的であり、日本の所得再分配を考える場合の重要問題である。三木義一青山学院大学教授の指摘があったように、税であれ社会保険料であれ、可処分所得を減らすという点においては同等なのである。

結局、逆進性の問題は、①税制の内枠だけでは考えてはならないということであり、②社会保障給付という歳出面からの合わせ技で改善策を考えなければならない、そしてその際には、③逆進性の高い社会保険料負担に問題があることを看過してはならない――ということである。

この問題は、所得税を取り扱う第3節でも、再度論じる。

5 インボイス方式

軽減税率導入論とインボイス方式

転嫁を容易にし、かつ税額計算も容易にするインボイス方式の導入は不可欠ではないか、ということも議論の対象となる。第4の論点である。

特に、軽減税率の導入論者が、インボイス制度の導入という論点を避けて通っていることは如何にも異様である。他方では、インボイス制度固有の弊害があり、EUに見られるカルーセル方式のような巨額の脱税や、インボイスが金券と化してアンダーグラウンドのマーケットで売買されているというような実情について、どのように考えるべきであるかという問題もある。

インボイス方式の本質

インボイス方式の本質は、(a)消費税を販売先に転嫁をするという権限と、(b)仕入先から転嫁されてきた消費税を前段階税額控除（日本の場合の仕入れ税額控除）ができる権限という点が本質であって、紙ベースのインボイスが有るとか無いとかは本質的なことではない。すなわちインボイスという「紙」の有無は、実は問題ではない。本質は、(a)転嫁の権限と(b)前段階税額控除の権限の有無の問題である。

この点はややこしいのでもう少し詳しく見てみよう。EUなどの付加価値税（VAT）では、インボイスを発行する権限は、登録事業者にのみ与えられている。登録事業者には、(a)インボイスを発行する権限が与えられて、これによってVATを本体価格に上乗せして対価を請求することができる（相手がビジネスで卸の場合と、相手が消費者で小売の場合を含む）。また、(b)仕入れた際に送られて来たインボイスによって、前段階税額控除を行う権限が与えられている。

この(a)と(b)においては、インボイスという紙切れの存在の有無は本質的なことではなく、登録事業者であるか否かに結びついた権限である。登録事業者でなければ、インボイスを発行して転嫁するという(a)の行為もできないし、受け取ったインボイスに記載されて転嫁されて来た前段階税額を控除するという(b)の権限もない。ここの場面におけるインボイスはただの証憑に過ぎない。

日本の場合

日本の消費税について(a)を見よう。非課税事業者であっても消費税分を上乗せして販売して、本来国庫に納付すべき消費税額を懐に納めることは自由である。転嫁力があって転嫁ができれば消費税額相当分を国庫に納付しないで済むことができるからこれは益税である。ただし、それだけの転嫁力があるという前提である。インボイスがあれば、これによって転嫁を確実に行うことができるという森信茂樹『税で日本はよみがえる』(2015年、日本経済新聞出版社)のようなインボイス推奨論もないではないが、転嫁力があることを前提にしているし、消費税がなかった場合であれば本体価格がいくらであったかが分かるという不確かな前提に立っているから空論である。

日本の消費税における仕入税額控除の権限である(b)について見よう。課税事業者は、仕入れ価格を消費税込み価格であるとして帳簿に記載して、8%(10%への引上げ後であれば10%)の消費税額を、非課税事業者からの仕入れであるか否かに関係なく仕入税額控除もすることができる。もし仕入先の非課税事業者が、国庫に納付しない消費税額を転嫁してきていれば、益税はその非課税事業者に発生しているのであるが、もし非課税事業者に転嫁力がなく、本体価格のままで販売して来ているのであれば、転嫁されてきていない消費税額を仕入税額控除している課税事業者に益税が発生する。

いずれにせよ、転嫁という概念は、本体価格が本来はいくらであるかを決めることができないのであれば無意味な議論である。また、本体価格を割り出すことができたとしても、転嫁という経済学的観念は（需要の価格弾性値がゼロ以下である場合を除けば）、供給者にとっては100％転嫁したとしても損失を生じるものである。このことは、価格の上昇を通じて販売量が減るので手取りは減るためである。この点は、ミクロ経済学の価格決定理論の初歩の初歩の知識さえあれば分かる話である。

事務負担

インボイス方式の採否は、帳簿等保存方式の間隙を突いて行われる益税についての可否の判断と、インボイスという証憑があることによる納付税額計算の便宜だけの問題に解消される。

軽減税率が導入された場合の問題は、結局、帳簿等保存方式によって（即ち、インボイスなしで）複雑な仕入税額控除を事務的に処理できるかという点になる。事務は煩雑になることは間違いがないであろうが、原理的には処理ができないということにはならない。時間と手間の問題である。ただ、事実上お手上げになってしまう可能性は高いかも知れない。その場合、時間と手間という量的な問題が質的問題に変化して、インボイス方式が必要になってしまうということである。

所得の捕捉を嫌うのが真意であれば、理論の問題ではない。

6 VATナンバー制

マイナンバー制度

さて、低所得者層への再分配対策を、収入・支出の両面から考慮するのであれば、マイナンバー制の利用は不可避である。特に、インボイス制度を導入するのであれば、ナンバー制は不可欠である。ナンバーの記載されていないインボイス制度などは考えられない。

そうすると、法人用マイナンバーは公開であるが、個人用マイナンバーは非公開が原則であることの問題をどうするか。個人事業者用に別途にＶＡＴ番号を創設するのかという問題がある。

軽減税率導入論者が、インボイス制度の議論を避けて通ろうとするのであれば、ナンバー制導入論に正面から向き合う責任がある。軽減税率を導入するならば、仮に帳簿等保存方式であっても、ナンバー制を導入しなければ制度はおそらく維持不可能だろうからである。

情報問題対策委員会と番号制度ＷＧ

マイナンバー制を導入する立法作業が行われていたころ、筆者は、情報問題対策委員会の会長指名委員となった。弁護士界としては、常々人権擁護の観点から番号制度に対して神経をとがらせていたのであるが、税制の観点から情報問題対策委員会の補強を図ろうとする意図であるとの説明を受けた。やがてさらに、情報問題対策委員会、税制委員会等関係委員会から有識者を集めて、ＷＧ（ワーキンググループ）を設置して問題に対処しようということになった時にも、税制委員会からの派遣メンバーとして参加した。

内閣官房で番号法の担当官となって大変な難行苦行を強いられた向井治紀審議官は、かっての部下である。同審議官とはWGとの折衝において何度も面談をした。

制度目的

政府・与党としては、当初は、分配の公平・公正という観点から、税制における所得捕捉という問題意識を持って番号制度の整備を図っていく目的であったと思われる。しかしながら、かつてのグリーンカード導入の経験（立法されたけれども施行を前に廃止となった）もあり、番号制度一般に対する反対論を考慮してトーンダウンさせて、取り敢えず外側の入れ物だけを法律として成立させ、中身の使用目的はゆっくり時間をかけて拡大していくという方向にギアチェンジしていったように見受けられる。

プライバシーの観点からのリスク

番号法に関する最大の問題点は、一貫してプライバシーの保護という問題であった。番号制によって個人情報が集積されて、それによって政府が各個人を一元管理するのでないかというおそれである。

これを論議するにあたっては、一口に番号制と言っても、①フラット・モデル、②セパレート・モデル及び③セクトラル・モデルの区別を知っておくことは有益である。①の例は、アメリカの社会保障番号（SSN）であって、すべての情報がSSNを介して簡単に結びつけられて、個人が丸裸にされ得る。それどころか、なりすましや詐欺の被害にあうことも多々ある。スウェーデンの国民番号制度もこの①のタイプである。スウェーデンは、租税負担率が高く、所得の正確な捕捉に国民番号制度が使われたとしても、分配の公平・公正ということの方がプライバシーよりも優先される。また、電子政府の利便性もある。②の例はドイツであって、行政分野ごとに別の番号が振られており、相互に関係を持たせることをしない。これは、ドイツ連邦憲法裁判所が、国勢調査を行うことがドイツ基本法に規定される「人格の尊厳」に照らして違憲とした判決の中で、「1つの番号で個人の情報を集約・管理してはいけない」としたことから、あらゆる行政領域において統一された番号を導入できないからである。③の例は、オーストリアのシステムであって、領域ごとにナンバーは別々に振られているが、必要があるごとに暗号変換を通じて流通させて、電子政府のメリットを生かす仕組みとする。そして番号による個人情報の一元管理を避けるために、暗号変換をする場合は一方通行となっていて政府による個人情報の集積ができないシステムとしている。詳細は、拙著『詳解 国際租税法の理論と実務』（平成23年、民事法研究会）をご参照頂きたい。マイナンバー制度は、部分的にであるとしても、この③のセクトラル・モデルに従う。そして、個人番号は提示が限定された秘匿情報とされる一方、法人番号は公開情報とされる。

使用目的

番号法立法作業の過程では、消費税を将来的に基幹税とすることを前提に、消費税の逆進性を、社会保障給付との組み合わせによって全体としての分配の公平・公正を図るという理念が取り込まれていった。不完全燃焼に終わった「税・社会保障一体改革」の一環である。この説明に従うとすると、高額所得者の所得・資産の捕捉というよりは、低所得者層の状況把握に重点がシフトする。しかしながら、これについても反対は多く、結局のところ制度の発足の時点においては、マイナンバー制度の使用目的は、社会保障、税、災害対策の3分野に絞られることとなった。具体的には、年金・雇用保険・医療保険の手続、生活保護・児童手当その他福祉の給付、確定申告などの税の手続などで、申請書等にマイナンバーの記載を求められることとなる。特に税については、税に番号が使われると言っても、国税当局に提出される申告書・法定調書等の税務関係書類に個人番号及び法人番号が記載されることとなるのであって、法定調書の名寄せや申告書との突合がより正確かつ効率的に行えるようになることがあげられる程度のことである。所得その他の課税標準の捕捉の目的は、今後の課題としてオープン（未決定）になっている形である。

懸念されることはある。朝日新聞（平成27年5月23日付朝刊5頁）の「教えて！マイナンバー⑧ 税金の徴収、効率が良くなるの？」の中で、国税関係者が「10年後、20年後に普及していればマイナンバーは武器になる」、国税庁の担当者が「さらに利便性が向上するように検討したい」とそれぞれ話していることが掲載されていた。納付税額を正しく把握することは必要なことである。しかしながら、国税が、徴税権力に物をいわせて今まで以上に情報収集に注力し、マイナンバーが導入された本来の立法趣旨を忘れ、当局の都合のいいようにマイナンバーを濫用することがあってはならない。

政府による個人情報の捕捉

有識者による議論としては、弁護士という職掌が基本的人権の擁護の最終の砦をなすものである以上は、弁護士界が番号制度を導入することについてグリーン・ライトを出すことはあり得ない、プライバシー保護という基本的人権の見地から、仮に賛成に転じるとしても最後の最後でなければならないし、最後は弁護士だけとなっても反対すべきであるというような議論がなされた。

しかしながら、これに対して、重大な疑念が呈する議論があったことも事実である。即ち、基本的人権を旗印に守ろうとしているプライバシーの美名の下に、果たして誰のプライバシーが守られることになるのか、所得・資産の捕捉を逃れて巨富をタックス・ヘイブンに隠匿している富裕層のプライバシーが守られているというだけの結果になるのではないか、という議論である。そしてさらには、個々人の所得・資産の情報は、分配の公平・公正を保つという見地からは、むしろ「公共財」であるから、プライバシーの概念のうちには入らないのではないかという議論さえもあった。このような議論は、スウェーデンの国民番号制度の発想でもあるが、歴史を背景に持つ文化的要素も無視できないのかも知れない。

ビッグ・データ

もうひとつは、民間企業によるデータ収集の可否という問題もあるであろう。ビッグ・データという言葉が新聞紙上に頻出するようになっているが、ビッグ・データからビジネス・チャンスを発掘する数学的手法が開発されているから、もしマイナンバーによる個人情報の蓄積が事実上可能となるのであれば、これは価値の高い鉱脈のようなものとなる。日本年金機構からの個人情報流出が問題となったが、これは実はマイナンバー法の施行前のことであるからマイナンバーとは関係がないという議論もある。ただし、将来的にはマイナンバーを介して様々な個人情報のタグづけができるようになることがあれば、個人情報の民間による集積と利用という問題は避けて通れないことになる。高度に発達した文明の利器が逆に文明に刃を向ける形となることがあり得るのは歴史の証明するところである。

7　国際課税問題

グローバル・エコノミーと国家管轄権

最後の第6の論点は、国際消費税である。

一般論として、税の国境調整は、モノの輸出入が主であり、税関によるコントロールが可能であった時代の遺物である。①サービス貿易、②無形資産のクロスボーダーの移動、

③eーコマースが主流という現代において、課税当局は課税権の分配という難問に直面している。

このことは、第1に、一国の『基幹税』として何を選ぶかということに直結する。すなわち、今でも担税力の指標としては所得が最も優れていることは認めるとしよう。それでも、かつてのように累進構造によって再分配を図ろうとしても、高額所得者や高額資産保有者が国外に逃れることができて、かつ海の外にはタックス・ヘイブンが口を開けて待っているというような状況である。

そうすると、基幹税を所得課税に求めることは理想論ではあったとしても、実行可能性に乏しい空理空論に過ぎず、責任ある提言とはなり得ない。消費税基幹税論についてもこのような文脈で考える必要がある。

EUのVAT番号

EUにおいては共通VAT番号制が敷かれている。VAT以外の納税者番号は各国ばらばらであるが、VATナンバーだけは域内で共通番号制が敷かれている。正確には、各国それぞれが付番するVAT番号が、他国においても使用され、共通のデータベースに集中されているのである。また、金融安定理事会（ファイナンシャル・スタビリティ・ボード）において、国際的租税ほ脱ないし租税回避を防遏するために、ＬＥＩ（Legal Entity Identifier：法人番号制）をグローバル・ベースで導入する構想がある。グーグル、アマゾン、アップル、マイクロソフト、スタバなどの国際的租税回避スキームまでをも想起するとき、ナンバー制の導入を、プライバシーという基本的人権とのバランスで考えることの難しさが明らかになるであろう。

クロスボーダーの取引についての課税権の分配

第２に、消費課税の課税権の分配の問題がある。ＥＵの考案した、Ｂ２Ｂ（ビジネス to ビジネス）におけるリバース・チャージ方式、およびＢ２Ｃ（ビジネス to コンシューマー）の場合における登録事業者方式を、日本でも平成27年の税制改正で導入することとなった。ＢＥＰＳのアクション１とも関係するものであり、平成27年の年次改正で立法化された。

ただし、このような方式といえども、決して完全ではない。というよりは完全な解はあり得ないと言われている。財政国境を廃止したＥＵの、ＶＡＴパッケージ２００８および同２０１０は、かかる苦悶の象徴である。この問題の解は、国境を越えて、課税ベースと税率が全く同じ税制を敷くということ以外にはあり得ないであろう。

今後の課題

論点1～6は、それぞれ独立して考えることができない点には要注意である。

このようにして、消費税率の引き上げは、軽減税率導入の可否およびそれに代替する案である給付付き税額控除の可否と結びつき、軽減税率の導入はインボイス方式の導入の必要性に飛び火し、インボイス方式と給付付き税額控除のそれぞれは、マイナンバー制の消費税への導入と相互に関連する。即ち、第1から第5までの問題はすべてセットとして議論されなければならないのである。

第2節　法人税

1　国際的動向

Race to the Bottom

現在、日本経済建て直しの一環として、法人税率の引き下げが税制の中心問題となっており、平成27年の税制改正において、税率の法人実効税率を「以後数年で20%台まで引き下げることを目指す」ということが既に可決成立している。論点は、①法人税率の引き下げの可否、②その幅、及び③財源である。

法人税負担の引き下げは、先進経済諸国において、自国企業の競争力強化を理由として行われており、race to the bottom と言われて大きな問題となっている。そのきっかけは、アイルランドが自国経済の疲弊に苦しむあまりに、2003年に法人税率を12・5%に引き下げて、自国への企業誘致を図ったことにある。

これが引き金となって、各国が法人所得税率の引き下げを始めるようになり、問題が深刻化した。隣国の英国も競争政策の観点から法人税率を20％に引き下げざるを得ない状況に陥った。この英国の法人税率の引き下げは、わが国にも飛び火した。即ち、英国に進出している日本企業が、日本のタックス・ヘイブン対策税制の適用を受けないようにするために、タックス・ヘイブン対策税制のトリガー税率を、現行の20％以下から20％未満に改定したのである。経済のグローバル化はこのように、税制についても玉突き現象を引き起こすのである。

英国ではさらに法人税率を18％に引き下げる方向であるという。

2　経済理論からの帰結

基礎となる論点

法人税率は、一国の経済の帰趨を左右するものであるから、これを租税法学の枠組みの中だけで議論していても、基本的なところで根本に関わる誤りを引き起こす可能性がある。

迂遠なように思われるかも知れないが、法人所得税についての経済学的考察にも若干触れておく必要がある。

経済学的に見た場合の法人税制についての基本的な考え方は次のようなものである。まず、経済学的には「効用」(utility) ということを諸概念の基礎に据える。「効用」と言われてもピンと来ないのであれば、これを幸福度と言い換えると分かりやすいかも知れない。「効用」の裏返しの概念は「負担」である。効用も負担も主観的なものであり、効用とか負担とかを観念できるのは個人についてしかあり得ない。そうすると、法人については、効用も負担も観念することはできない。

ニューヨーク大学のロー・スクールのローゼンブルーム教授は、「法人とはただの紙切れに過ぎない」と喝破する。この表現の方が分かりやすいかも知れない。

このようなことであるから、法人税負担を議論するときに、法人自体の負担を論じるということはしない。法人税という課税の負担は最終的にはどのような個人にどのように帰着しているのかを議論する。そうしなければ経済学の学問的議論をしていることにはならないのである。この問題は、かつての租税法学の分野では、法人実在説と法人擬制説の対立として見られていたが、この両説は理論的基礎を欠いた空疎な抽象論に過ぎなかったのであって、今日においてこのような議論を見掛けることはまずない。

法人税二重課税論

法人税の二重課税論とは、以上のようなことを踏まえると、次のような問題形式として処理することができる。即ち、個人が法人という制度的技術を用いて所得を稼得した場合を考える。法人の段階でいったん法人所得税という形で課税がなされ、法人税税引き後の所得が個人に配当され、それが個人の段階でもう一度個人所得税という形で課税がなされるとすると、これは二重課税ではないかという問題提起である。

この問題に対処する立法例としては、2つの極端がある。その一方の極は、かかる二重課税に対して全く調整を図ろうとしない米国内国歳入法典である。

他方の極には、改正前のドイツの法人税の純粋インピュテーション方式があった。インピュテーション方式とは、個人所得課税の段階で法人が稼得した所得の個人持ち分をいったん個人所得に加算する。そしてこれに税率を適用して税額を算出したあと、法人段階で課税された法人所得税額の当該個人分を税額控除するというものである。ドイツの純粋インピュテーション方式は、欧州司法裁判所（ＥＣＪ）によって内外無差別でないことを理由としてEU条約違反として無効とされたので、今ではもはやない。ただ、ドイツのインピュテーション方式の執行は大変なことだった、ということは仄聞《そくぶん》するところである。複雑極まりない法人税制において、純粋インピュテーション方式を取ることは技術的に非常な困難を伴うし、ECJにEU法違反とされた時にはメルケル首相も内心は嬉しかったのではなかろうかとも思ってしまう。

そこで、ドイツの改正前の法人税制の代わりに、他のEUの立法例を取り上げるとすると、例えばデンマークの所得税制がある。これによれば、所得を稼得する場合において、法人を用いて25%の法人所得税を支払って、さらに個人段階で個人所得税を課税される場合と、間に法人を入れないで個人が直接に個人所得課税に服する場合とで、結果的に個人段階での税負担が均等になるように仕組みが作られている。

各国の法人所得税制は、この両極の中間に位置している。日本の法人税もその一例である。例えば、法人間配当が非課税になっているのは、そのように説明される。ただし、このことは、法人が株式を譲渡した場合に、そのキャピタルゲインが法人課税の対象になることとはつじつまが合っていない。含み益は、配当の有無によって変化するのであり、少なくとも理屈としては、一方は課税しないで他方は課税するということは整合的でない。

法人二重課税を中途半端な形で、その時々に解決してきた歴史によるところが大きいと思われるが、経済学的整合性に注意を払っていないと思わぬ過誤がある、ということの例証であるように思われる。

また、日本では「法人成り」ということが中小事業者について言われる。この場合、法人成りは事業所得に係る限界税率と法人税率との比較で考えられているもののようであるが、本来はこの比較は、最終的な個人段階での長期にわたる総合的税負担を考慮するものでなければならない。即ち、法人段階で法人課税を受けた税引き後所得を内部留保して、個人段階での課税を遅らせること（課税繰延べ）によるメリットを考慮した、かなり長期的な判断でなければならないはずのものである。もちろん再投資することについても考慮が必要である。

この点について、日本の法人税には特定同族会社についての留保金課税の制度があり、内部留保した利益についての課税繰延べの問題点が存在するから、法人成りということが通算して納税者にとって一般に有利なことは明らかであるということが前提になっていた。留保金課税は、今は廃止されている。

ところで、帰着（incidence）の問題は、株主への帰着の問題として処理するのみでよいわけではない（経済学的には、一般均衡の問題として処理されるが、ここではそのような抽象論は無視する）。会社の関係者についてはステイクホルダーという語が用いられているところである。このステイクホルダーには会社債権者、会社の役職員、取引相手等々があげられ、大きな会社であれば広くは会社所在地の地域経済全体さえもが法人所得課税の影響を受けるところである。これをさらに巨視的に見れば、アップル、グーグル、アマゾン、マイクロソフト、スターバックスのような多国籍企業（ＭＮＥ）が行っている国際的な節税ないし租税回避をも考慮することになり、それぞれの納税地としてどの管轄地域を選択するかによって、国際経済や財政・金融の全体にも影響を及ぼすこととなる。この点については、また後で論じる。

多様な事業体と三分法

法人課税について、これまでに述べた経済学的議論を踏まえて法律論に戻るとすると、法人税制を議論する際に、二分法という法制をとる場合と三分法という法制をとる場合についての制度上の相違が目に付く。

二分法とは、課税の対象を原則として個人と法人の2つの類型のみに認めるものである。

というよりは、個人以外の課税対象は原則法人として取り扱うものである。日本の法人税は基本的には二分法であり、権利能力なき社団を一定の要件の下で法人(人格のない社団等)として取り扱う。これに対して三分法とは、個人と法人との間にいわゆる「多様な事業体」を認めて別途の課税の方式をとるものである。多様な事業体として典型的に挙げられるのは、パートナーシップや信託であって、OECDモデル租税条約の第1条ほか関連各条のコメンタリーを見ると、これらについて詳細な記述がある。これは、各国の法制上の問題として、個人以外に権利能力の主体となり得る人格が多様に存在し、かつ多様な事業体の課税上の取り扱いが、各国別に異なるからである。このため、特にクロスボーダーの取引に係る国際租税の領域において問題になる。

最近のG20/OECDのプロジェクトであるBEPS(Base Erosion and Profit Shifting:税源浸食および利益移転)の15のアクション・プランの2番目のものは、「ハイブリッド・ミスマッチ」である。ハイブリッド・ミスマッチのうちの、「ハイブリッド・エンティティ」の問題は、ある事業体が国境を挟んでビジネスを展開している場合に、当該事業体が、一方の国から見ると法人であり、他方の国から見ると透明な(トランスパレントな)事業体であるというケースについてのものである。国境の両側で統一的な処理をしなければ国際的二重非課税を招く原因であると見られている。平成27年の年次税制改正において、外国子会社配当益金不算入制度の取扱いに変更があるのは、これによる。BEPSアクション2の先取りである。

ハイブリッド・エンティティの典型は、米国内国歳入法典のチェック・ザ・ボックス・ルールである。

このルールは、多様な事業体が法人所得課税を受けるか否かを納税者側に委ねてしまうというものである。国際的租税回避の手段の有力なコンポーネントとなっている。後で見る「ダブル・アイリッシュ・ウィズ・ア・ダッチ・サンドイッチ」において重要な役割を果たしている。

多様な事業体の課税には、事業体の存在を全く認識せず、事業体の構成員の所得を構成するものとして構成員のみに所得課税をするパス・スルー課税と、事業体に留保されている所得には事業体段階で課税するけれども構成員に配当ないし分配される所得については事業体段階では課税せず、個人段階で個人所得課税をするペイ・スルー課税の方式がある。

日本の場合で言えば、民法組合はパス・スルー課税の典型であるが、このほかにも従来からある商法上の匿名組合、新法によって設立されることが認められるようになった投資事業有限組合（日本版ＬＰＳとも言われる）、有限責任事業組合（日本版ＬＬＰとも言われ、根拠法はファンド法とも呼ばれる）が、パス・スルー課税である（任意組合等、所得税基本通達36・37共−19（任意組合等の組合員の組合事業に係る利益等の帰属）を参照）。他方、資産流動化法による特定目的会社（ＳＰＣ）と投資信託および投資法人法によって設立する投資法人などについて、ペイ・スルー課税が入れられている。会社法によって導入された合同会社については、米国のＬＬＣを念頭に、法人段階での課税をしないことを目的とした持分会社類型であったが、実際には財務省の壁は厚く、法人税の課税は行われている。ペイ・スルー課税の場合には、法人成りのところで論じたのと同じように内部留保された税引き後利益を、配当するタイミングや再投資の資金について考慮する必要がある。

利子と配当

さて、パス・スルー課税やペイ・スルー課税を考慮するとき、法人税法上、利子は損金算入されるが、配当は税引き後利益から支払われるという取り扱いが気になってくる。このような利子と配当の取り扱いの区別は、「資本等取引」であるかないかの違いであるという簡単な説明で済まされているが、これは実は経済学的には整合性のない説明であると言わざるを得ない。資本金１００万円の受け入れについて、所得を認識しないことを資本取引であるからという説明をするのであれば、借入金１００万円の受け入れについても、資本取引でないのに所得を認識しないことについて説明が困難になる。借入金の受け入れについては、「将来返すことが確実であるから所得を認識しない」という苦し紛れの説明さえあって笑ってしまう。実際には、資本金（自己資本）という生産要素も、借入金（他人資本）という生産要素も、生産要素の移動そのものが付加価値を生むわけではなく、生産要素が生産過程に投入されて付加価値を生み、その報酬としての対価である利子と配当が支払われた時点でこれらの報酬が所得として認識されるというように説明するのが経済学的には整合性がある説明となる。このような説明であれば、生産要素である労働、土地、他人資本、自己資本の生産過程への投入による付加価値の創出について、その対価としての賃金、地代、利子、利潤という報酬が所得として認識されることとなって、経済学的な説明は整合性を以て完結する。

このような生産要素の生産過程への投入と付加価値の創出、そしてそれに対する報酬としての所得の認識という枠組みで考察を加える場合、配当も受け取る側には収入であり、支払う側には支出となる。このように配当を損金に算入する技術的方法としていくつかの種類が考察されている。実際の立法例として顕著なのは、ベルギーが採用しているACE（Allowance for Corporate Equity）である。ACEを入れている国は、ベルギーの他にオーストリア、ブラジル、クロアチア、イタリアを数える。

配当を損金に算入すると配当の額を調節して法人税額をコントロールすることができるようになるから税引き後の利益から行うなどという説明もあるが、この点が問題になるのは利子でも同じことである。そうであるからこそ過少資本税制や過大支払利子税制の導入がなされているのである。利子と配当について異なる取り扱いをして、その理由を「資本等取引だからである」というのは全く説明になっていないと言わなければならない。

ACEの場合は、自己資本に基づく正当な対価には経費性を認めるという説明となる。即ち、法人の所得のうち自己資本の対価となる部分を２つに分けて、正常な対価と認められる利益とそれを超える超過利潤とを分離する。そして正常収益だけを経費として、法人所得の計算において控除を認め、超過利潤については課税するのである。何が正常収益であるかは、自己資本を一定の方式で算出した上で、これに国債の利回りを乗じて定めるのが一般である。

さらに付け加えるとすれば、債権と株式の区分が非常に曖昧になっていることも考慮する必要がある。これは、バーゼルの自己資本規制に端を発したもので、いろいろな金融商品を発案して、債権を極力自己資本にカウントしようという発想から進捗した。イギリスの永久債であるコンソル債を考えて、その利子が発行企業体利益の水準にリンクしていれば株式との差はない。株式であっても取得請求権付株式であって固定優先配当を受けられる種類株であれば債権との差はない。伝統的な債権と株式、利子と配当の境界はブラーになっている（ぼやけている）ことを考慮しなければならない。

以上、迂遠ではあるが、法人所得税制度の経済学的分析を含めつつ議論を展開した。これが本来の課題である法人税率引き下げ論にどのような意味合いを持つかは、次に述べることとする。

法人税率引き下げ論の持つ経済学的意味合い

さて以上を踏まえて、それが本来の課題である法人税率引き下げ論にどのような意味合いを持つかという点を見よう。

経済学的には、法人がその課税期間に得た収入からそのまま支払われる配当についての法人税率は個人所得税の前取りであり、いわば源泉徴収税である。ピケティの『21世紀の資本』にも法人所得税は「源泉徴収」であるという言葉が自然に出て来るが、経済学的に標準的な考え方である。そうすると、法人所得税率としては、源泉徴収をするのにふさわしい水準を選択すればよい。

例えばではあるが、旧ドイツ法人税法のような純粋インピュテーション方式を採用したとすれば、配当部分についての税率は、源泉徴収の実際の執行に障害を与えることのないほどには高い税率でなければならないことが要請されるであろう。また、法人に留保される利益に対する税率は、当該留保された利益が将来のどこかの時点で配当される原資となる場合を想定しなければならない。この将来時点では、受取配当に対して個人段階で所得課税が行われ、その際に（利子率を考慮した上で）留保利益に対する税額分が、配当を受け取る個人に税額控除が行われるということを踏まえて設定すればよい。ただし内部利益の留保を再投資にまわす場合の状況を考慮する必要がある。

この問題は、このように考えれば、経済学的には整合的に処理することが可能となるのであるが、致命的な欠陥としては、グローバル・エコノミーで展開される国際的租税回避の問題を勘案していない点だ。この問題に入る前に、法人税率を何で見るかという問題を見よう。

法人税率を何で見るか――租税特別措置と租税特別措置透明化法

法人税率の高低を論じるとき、法人税率の表面税率のみを議論することが無意味であることはいうまでもない。そこで実効税率の概念が持ち込まれる。平成27年の税制改正大綱の資料を見ると、法人の実効税率は、改正前は34・62％、27年度に32・11％、28年度には31・33％と漸減することになっている。しかしながら、実効税率を一般的・平均的に観察して議論することも実はアバウトに過ぎる。

即ち、租税特別措置によってさまざまな恩典が与えられている特定の産業・企業ごとに実情を見て行くのでなければ、法人税率の適正水準を判断することはできない。

平成22年に成立した租税特別措置透明化法は、不明朗な租税特別措置の実態を把握しようとする法律である。その仕組みは次のようなものである。①減収効果のある法人税関係特別措置の適用を受ける法人は、適用額明細書を法人税申告書に添付することが義務付けられており、②財務大臣は適用額明細書の記載事項を集計し、措置ごとの適用法人数、適用額の総額等を調査する。③その上で財務大臣は、毎会計年度に租税特別措置の適用状況等を記載した報告書を作成して、内閣はこれを国会に提出する。こういう仕組みである。

米国のタックス・エクスペンディチャー・バジェットが議会の予算法案審議に際して提

出されるのと類似する。

タックス・エクスペンディチャーとは、ハーバード大学のスタンレイ・サリー教授の創出した概念であって、租税歳出とか租税支出と訳される。個々の税目にはそれぞれ本来あるべき姿としての基幹的構造がある。これに対してある政策目標を達成するための特別措置を設ける場合がある。この特別措置は、結果として補助金を与えているのと同じであるから、「租税歳出」という。補助金に比較するとピン・ポイントではないから、ついでに受益してしまうフリー・ライダーが出て来るので好ましいことではない。こういう考え方である。租税特別措置透明化法は、日本の場合における受益者の実態を明らかにしようとする試みである。

ただし、租税特別措置透明化法には、若干の問題がある。そもそも当初は個別企業ごとに計数を公表する案であったにも拘わらず、猛然たる反対によって個別企業ごとの計数でなく、集計ベースのデータしか公表されないこととなったことがその一つである。また、財務省の発表する計数が分かりにくいものであるために研究者が解析をしてその内容を解明しないと計数の持つ意味を理解できないという欠陥もある。法制度を発足させることには成功したが、それを実効性のあるものに変えていく努力はこれからの課題であるということである。

法人税の負担の状況が実際にどのようなものであるのかは、このような租税特別措置の実態を解明しないと、把握することができず、そうであるとすると法人税率の引き下げの議論も根拠となる数値的データを欠いた抽象論の域を出ないということになるから、他国で法人税率が引き下げられているという理由だけで、ただちに「日本の法人税率も引き下げだ」という前に、調べなければならないことは多々ある。

著名な大企業であるのにほとんど納税をしていないなどということはいくらでもある。利益が上がっているのに法人税を納税していないケースが多々あることは、富岡幸雄『税金を払わない巨大企業』（文春新書、２０１４年）に記述がある。また、三木義一座長の指摘によれば、本来的課税ベースのあり方から見るとさまざまな特別措置によって、実際の課税ベースは本来あるべき水準の32パーセント程度に縮減しておりこれに表面税率を乗じれば実効税率は10パーセント程度にしかならないという。

国際的租税回避

先にアップル、グーグル、アマゾン、マイクロソフト、スターバックスなどのＭＮＥ（多国籍企業）に租税回避スキームがあるということを述べた。英米の議会で調査が行われ、証人喚問が行われている実情は、これらMNEが多国籍企業というよりは無国籍企業と化して、世界中のどこにおいてもその利益にふさわしい税を納付していないという問題があり、かつ深刻化しているということである。このことは、MNEという法人レベルだけではなく、これらMNEの稼得した利得の分配を受ける高額所得者も同じように、個人所得税を回避しているのであるという問題もある。そうすると、MNEにおいて稼得した巨額の利益は、その発生の当初から個人の懐に収まるまでのすべての段階において、課税の対象となることがないというケースがあることになる。その負担は、国際的租税回避のさまざまなスキームを利用することはできない中低所得者層が肩代わりすることとなる。これは不正義であるというべきであろう。

国際的租税回避のスキームとして名高い「ダブル・アイリッシュ・ウィズ・ア・ダッチ・サンドイッチ」を紹介しよう（次頁）。その詳細については、拙著『タックス・イーター』（岩波新書）を参照頂きたい。

米国のIT企業(Googleなど)によるDIDSの利用例

(管理支配地主義を採る軽課税国であるアイルランドと使用料への源泉税のないオランダをうまく利用)

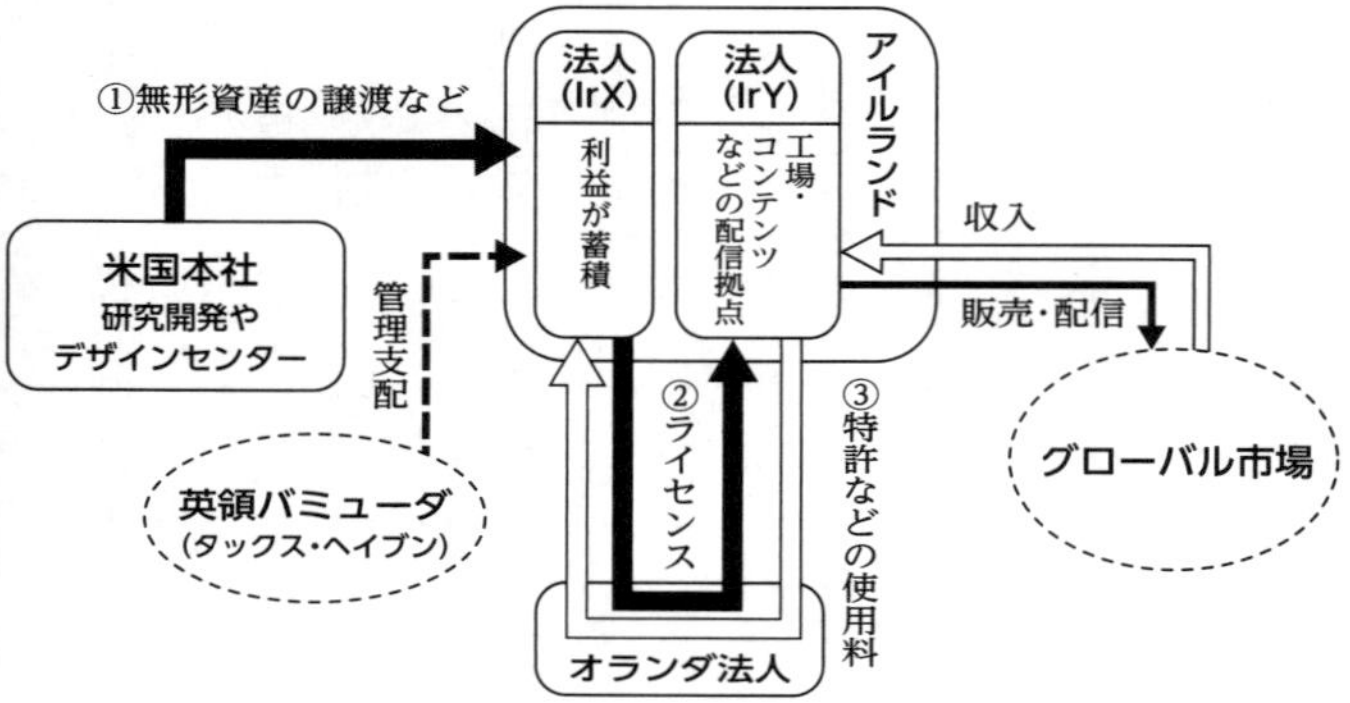

(出典：政府税調資料)

【STC】

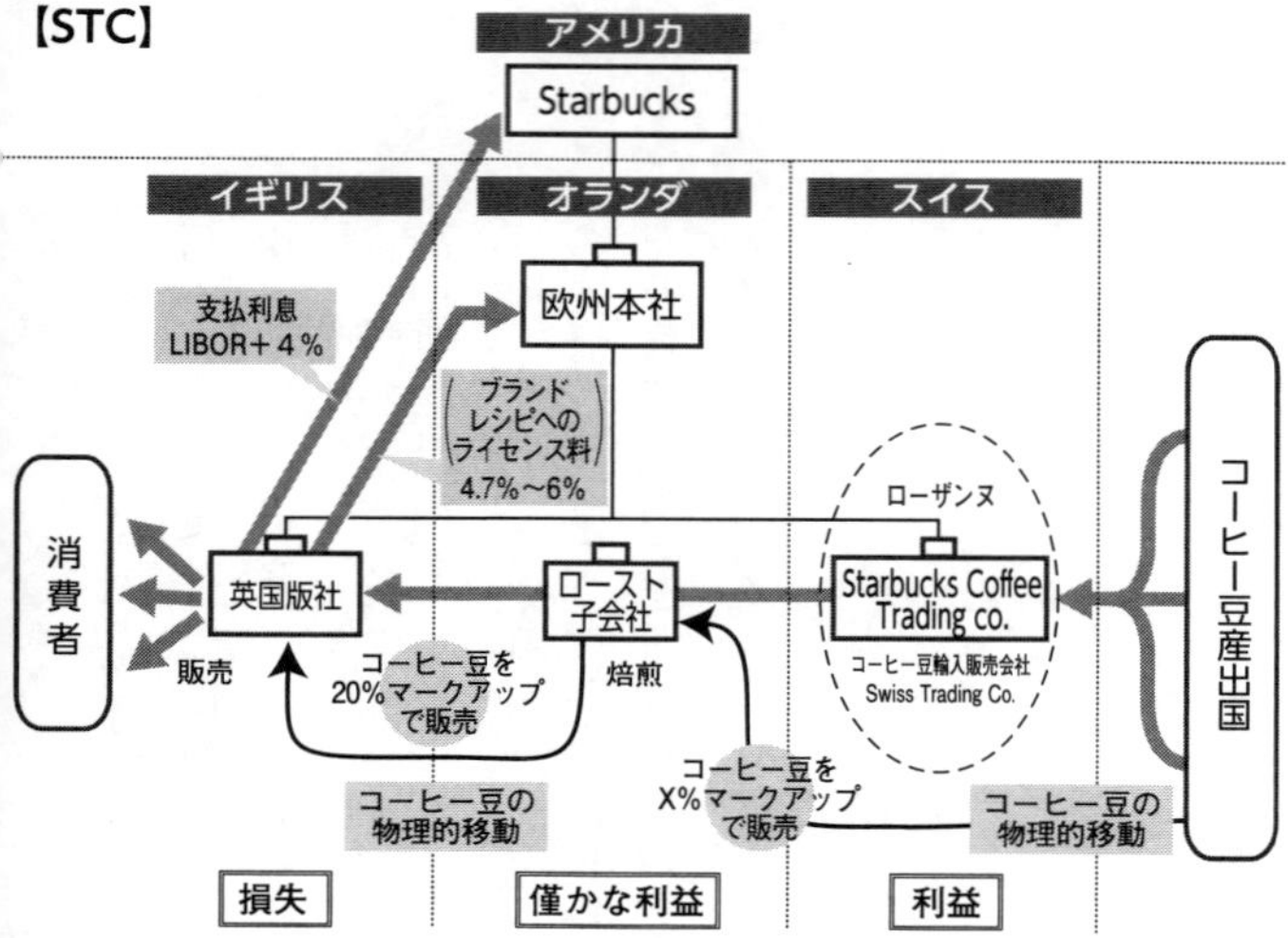

(出典：政府税調資料)

国際的租税回避スキームの対処方法

続いて「スイス・トレーディング・カンパニー」についても図を掲載して紹介しよう（前頁）。これらの国際的租税回避行為に対するひとつの解決の試みがＢＥＰＳプロジェクトなのである。

だが、ＢＥＰＳの15のアクション・プログラムは既存の問題点の棚卸しに過ぎず、そのひとつひとつの解決が仮に成功したとしても国際租税制度全体の制度疲労のオーバーホールにはならないという見方が可能である。ＭＮＥによる「Double Irish with a Dutch sandwich」のような考え抜かれたスキームに、15のアクション・プランがよってたかっても解決することができるかどうかには疑問が残る。また、ＢＥＰＳと並行して進捗しているグローバル・フォーラムの自動的情報交換システム（ＡＥＯＩ）にも、タックス・ヘイブンの当局にはデータがそもそもないという致命的とも思われる欠陥がある。

国際的租税回避スキームの絶対不可欠なコンポーネントは、タックス・ヘイブンである。仮にタックス・ヘイブンがなければこれらのスキームが成り立つことはない。そうすると、いかにタックス・ヘイブンの不正使用を防ぐかという問題は避けて通れないものとなる。極端な解決はタックス・ヘイブン経由の取引を認めないとかペナルティを課すということである。ブリュノ・ジュタン『トービン税入門』には、タックス・ヘイブンをグローバル・エコノミーから切り離す方法があり得ることを示していることは見た。

最大の問題点はタックス・ヘイブン退治の旗を振る二大巨頭の米英両国は、同時に世界に冠たるタックス・ヘイブンでもあることである。ニコラス・シャクソン『タックス・ヘイブンの闇』には面白いジョークが記載されている。「世界で最も重要なタックス・ヘイブンは島であると言っても誰も驚かない。だが、その島の名はマンハッタンだと言ったら、人々はびっくりする。さらに言うと、世界で二番目に重要なタックス・ヘイブンは島にある。それはイギリスのシティ・オブ・ロンドンだ」（訳文の誤謬を訂正してある）という。椰子の茂るカリブの島というイメージとの巨大なギャップを突いている名言である。

取り締まろうとする側と取り締まられる側が同じであるのであるから、泥棒が縄を綯《な》うの類であって、どこにループ・ホールがあるかについて予断を許さない。特に英国は、英国病という経済的疲弊から立ち直るについてはビッグ・バンによるシティの活性化によるものが大きく、それにつれて英国の国際政治における発言権も増大している。このような状況下で英国がシティの利益を害する行動に出ることは期待し難い。9・11を経てタックス・ヘイブン経由のテロ資金の流れを遮断することの重要性を理解している米国も、財務省関係の要人は、財務長官を含めて、いわゆるリボルビング・ドア方式でウォール・ストリートから入って来る。

ヒト、モノ、カネ、財・サービス、技術、情報が国境を越えて瞬時に移動するグローバル・エコノミーの中で、主権国家の執行管轄権が国境という障害に阻まれていることが問題の本質である。その解決にはいくつもの案があるが、基本は国際協調であり、その王道は多国間条約による相互の主権の互譲である。

OECD/G20の推進するBEPS、EUの一部諸国がとりかかりつつあるFTT（金融取引税）、グローバル・フォーラムの進めるAEOI（自動的情報交換）、FSB（金融安定理事会）の進める国際金融システムのリフォームなどは重要であることは否定しない。それでも、最終的な決め手は、タックス・ヘイブン退治であろう。

国際的協調のみが国際的租税回避の防遏を可能にする。それが分かっているのに、国際的協調どころかrace to the bottomにまっしぐら、というのでは、巨額の国際的租税回避によって空いた大きな穴を埋めさせられる中低所得者層には救いがない。

成長と税収——再論

「経済成長を促進すれば、税収も上がる。だから、減税によって経済成長を促進すべきである」という議論がある。

レーガノミクス華やかなりしころ、ラッファーという経済学の教授がいて、「税率を下げることによってむしろ税収が上がる」という説を唱えたことがあった。この説はその当時でさえ笑いものであったし、今でも「お前の言っていることはラッファーの言っていることと同じではないか」と言えば、言われた方は顔を真っ赤にして怒る。経済成長を促進すれば、税収も上がる。だから、減税によって経済成長を促進すべきである、という上げ潮理論はいい加減にピリオドを打つ時期が来ている。さらに言えばフロンティアのなくなった現状において、以上の経済成長そのものに対する疑義が呈されていることについては、水野和夫『資本主義の終焉と歴史の危機』がある。また、ローレンス・サマーズの長期停滞論（secular stagnation）も知られている。ピケティの説も経済成長に対する疑念があるように受け止められる。トリクルダウン効果などという実証的に認められない議論も、今後はほとんど顧みられることはないであろう。

この節の冒頭で、「論点は、①法人税率の引き下げの可否、②その幅、および③財源である」と述べた。これら①～③を考えるにあたって、考慮すべき問題は、これまで述べて来たように多々ある。

今後の課題

特に論点①について、民間税調の第3回シンポジウムにおいて、共同座長の水野和夫教授から法人税減税無効論のプレゼンテーションがあった。このプレゼンテーションは、民間税調HPで簡単に見ることができる。

また、東京大学大学院教授からのコメントとして、地方税と法人課税に関する論点が欠けているとの指摘があった。

第3節　所得税

本節では所得税を取り上げる。基幹税論、最適タックス・ミックスなどの観点からは重要である。とりわけ重要な課題は、

「日本の税制は、所得再分配機能をほとんど果たしていない」

「特に所得税は、累進的であるどころか逆進的でさえある」

「社会保険料の負担の重さと逆進性」

……という事実にどのように取り組むべきか、ということである。

具体的論点としては、

① 課税単位

② 所得分類

③ 所得控除か税額控除か

④　税率構造
⑤　年末調整

という5つが、中長期的、及び、同時に当面の課題である。

本節では、これらを考察する上において必要な基礎的かつ理論的知識の棚卸しをする。迂遠に思われる部分もあるかも知れないが、理論的バックグラウンドに関する知識なしで課題にいきなり取り掛かると、思わぬ間違いをする場合があるのでやむを得ない。

1　所得税についての税制固有の観点からのアプローチ

担税力の指標としての所得

所得が担税力の指標として最も優れているということについては、大方の賛同を得られるところであろう。ただし、このような判断は価値判断であるに過ぎず、そうではないという意見もいろいろとあることは念頭に置かなければならない。そもそも、論者によって、所得概念のイメージが異なっているということも注意が必要である。

所得の概念

所得について、その概念規定をどうするのかについては、租税法学上に膨大な議論の蓄積があるところであって、そのサーベイを過不足なく行うことさえ容易ではない。

これまでの消費税と法人税の節においては、経済学的な分析からのアプローチを重視して、体系的無矛盾性を保つことに重点を置いてきた。しかしながら、この方法論を引き続き用いて「所得」の概念を経済学的に処理しようとすると、国民経済計算上の所得概念を借用とすることになるのが一般であろう。

しかしながら、このような方法には致命的な欠陥があることも事実である。即ち、所得を、国民経済計算上の所得とイコールと定義してしまうと、国民経済計算上定義された「付加価値」が「所得」と定義されることになる。経済学の理論上の国民所得の説明であれば、所得とは、生産要素である労働、土地、他人資本及び自己資本の生産過程への投入による付加価値の創出を捉えて、各生産要素の提供の対価としての賃金、地代、利子及び利潤という報酬が、所得として認識されることとなる。

かかる経済学的な説明は、整合性を以て完結することは出来るのであるけれども、実際には、経済学的所得概念をそのまま担税力の指標とすることには、様々な疑念が呈されることとなる。即ち、国民経済計算上の付加価値を所得と定義してしまうと、例えば、移転（transfer）とされるものが所得概念から脱落する。また、キャピタル・ゲインの処理に困るという考え方もあろう。さらに、支出税構想が提起する問題について答えを出すことができない。

この支出税を検討すると、「所得を稼得して消費をせずに貯蓄（或いは広く投資）した場合には果実が得られる。この果実に再び課税をするのは二重課税ではないのか」という問題提起、或いは「所得をすぐに消費してしまわずに勤倹貯蓄に励んでいると、後から利子・配当に課税されることになるが、これは消費に比較して貯蓄にペナルティを課していることになる。これは適切なことであろうか」という問題提起と、実は地下水脈でつながっている。本節では、ウィリアム・アンドリューズの証明のところでこれも見る。理論が意外な結論を導くということのひとつの例である。

2　支出税

手始めに支出税の提起する問題を取り上げよう。

印度のラージ（藩主）（支出税概念の創始者であるカルドアは、ラージよりも権勢の高いマハラジャを例に挙げている）のように、一切の生産活動をせず、有り余る富を取り崩して生活しているケースにおいては、稼得する所得というものはない。従って、いくら豪奢な生活をしていても所得税の負担はない。

このようなケースは所得税制の欠陥であると考えて、消費を担税力の指標としてはどうかという学説がある。これを「支出税」と言う。消費を担税力の指標として、課税標準を消費とするから「消費税」であると言ってしまうと、ＶＡＴ／ＧＳＴのことかと誤解されるおそれがあるから支出税というのである。

個人ごとに消費を計算してその総額に対して累進構造を持つ税率を適用するから、フラット・レートを前提とするＶＡＴ／ＧＳＴとは全く異なるものである。しかしながら、このような支出税は、事実上執行不可能であるから、これまでの立法例にはインド、スリランカなどがあるけれどもほとんど直ちに廃止されている。

スティグリッツ『公共経済学・第2版』（邦訳2003年、東洋経済新報社）は、生涯累積ベースで考えれば、生涯にわたって稼得した所得の総額と、生涯をかけて消費した消費の総額はイコールであるから、結果として所得税と支出税とは同等のものであるという説明をする。しかしながら、この説は三重の意味において誤りがある。第1に、相続を考慮していない（相続を考慮するダイナスティ・セオリーが、国債の負担の次世代へのつけ送りであるか否かに関して考案されている）。第2に、課税年度ごとの累進課税ということを考慮していない。第3に、時間の経過に伴う割引率による割引ということを考慮しないからタイミングの問題が捨象される。

支出税は、所得税の一類型として見るときは支出型所得概念であって、これに対置されるのは取得型所得概念である。

3　包括的所得概念

サイモンズの包括的所得概念

増井良啓東大教授の最近著『租税法入門』（2014年、有斐閣）は、所得税法の理論体系に新しい地平を拓く業績である。所得税（個人所得税と法人所得税の両者を含む講学上の意味での所得税）の理論は、将来、この著書以前とこの著書以後との2つに分類されることになるであろう。

この著書の方法論的特色は2つある。

第一は、サイモンズの所得概念を中心に据えて、最も包括的な所得概念として取り上げて、かかる定式化を出発点に据えて議論を展開する。これをいわば公理として体系的に議論を展開し、その理論的帰結と現実の税制を比較することによって所得税制をめぐるさまざまな難問について見通しをよくするという方法論を採用していることである。

サイモンズの所得の定式は、よく知られているとおり、Y＝C＋Δ《デルタ》Aというものである。ここで、Yは所得、Cは消費、Aは資産であり、ΔAは資産の増減を示す。サイモンズによるこのような定式化は１９３０年代に遡るものであって、それ自体は古くからある包括的所得税の定義のひとつであり、十分に研究されていくつもの欠陥があることも知られているのである。包括的所得概念は、その淵源としてゲオルク・シャンツによる純資産増加説がある。サイモンズの定義によって包括的所得税額が直ちに計算可能となるわけではない。

しかしながら、増井上掲書のポイントは、そのように定式化された包括的所得に対する包括的所得課税を処理するにあたっての方法論にある。即ち、サイモンズの定式に、数学でいえば公理としての位置付けを与えて、公理からの証明という論理操作によって導かれる帰結を示して、定理群からなるピラミッドとしての理論の体系を示すところにある。ウィリアム・アンドリューズの証明は、その典型であるからのちに見る。

第二は、公共経済学の知見が必要な各所に丁寧に織り込まれていることである。入門と題している以上は、読者が経済学、特に公共経済学の知識に明るいことを前提とすることはできないであろう。そこで、経済学的知識がなくともスムーズに読み進むことができるように、巧みに平易に書き込まれてはいるけれども、公共経済学の理論的帰結が随所に散りばめられていることは、見る者が見れば明らかである。

適例は、「効用」の概念を明示していることである。経済学的にいえば「効用」という概念は個人についてのみ認められるものであるから、「負担」という概念も個人についてしか認めることができない。その帰結として、最終的には法人所得課税の帰着（incidence）はすべて個人への帰着として考えることとならざるを得ない。

ただし、2つほどコメントする。まず、サイモンズが疑念を抱いたキャピタル・ゲインの処理は、名目と実質の差として捉えて、課税標準は名目値をとるとすれば解消できる問題のようにも思われる。

サイモンズが問題視したもうひとつのものである移転（transfer）についてはどうであろうか。相続・贈与のような移転を所得概念のうちに取り込んで、所得税制の枠内で処理しなければ税制として完結しないというものでもないであろう。むしろサイモンズの定式をよく考えると、CとΔAが相殺し合うので、多額の資産を有してそれを取り崩して消費にあてている富裕層に所得を認識することができないという問題があるともいえる。全体としてサイモンズ流の定式と、付加価値の付加に貢献したことに対する報酬を所得とするという定式の間にどれだけの本質的な差（周辺部分の技術的問題としては処理できないもの）があるのか、という漠とした疑問を持たざるを得ないとも言える。

取得型所得概念の分類のうちには、包括的所得概念に対置されるものとして制限所得概念がある。

ウィリアム・アンドリューズによる証明

増井上掲書の161ページには、支出税と所得税の関係についての、ウィリアム・アンドリューズの証明についての解説がある。その内容は、キャッシュ・フロー型の支出税と収益非課税型の所得税とが等価であることを証明するものである。このことによって、逆に、課税済み所得を投資してその投資収益に所得税を課税するとしたとしても、むしろ包括的所得税を標榜する限りは二重課税として排除される理由はないという帰結が導かれている。

キャッシュ・フロー型の支出税とは、キャッシュ・フローの支出を把握するタイプの支出税である。収益非課税型の所得税とは、稼得した所得をすべて消費はせずに、貯蓄をした場合に、その果実として受け取る所得には課税しないというタイプの所得税である。キャッシュ・フロー型の支出税と収益非課税型の所得税とは、金銭の時間的要素を考慮すれば同等のものであるということが、比較的簡単に証明される。

特に、両者が等価であるということを数字や数式で見るのは容易である。増井上掲書から数値例を引用すると、初年度に100の所得があってこれを全く消費せずに貯蓄すると、利子率を10%として次年度に110を得る。

これを当該次年度に支出すれば、初年度の支出税は零で、次年度の支出税は110に対して課税される。収益非課税型所得税の場合、初年度の所得100に課税されて、次年度に得られる果実には課税されない。初年度の100の次年度における経済的価値は110に等しい（ファイナンス理論でいう金銭の時間的価値を考慮している）。そうすると、収益非課税型であれば、所得があった初年度の段階で先に課税はするものの、課税ベースを比較してかつ1年分の割引率をカウントすると、キャッシュ・フロー型支出税と収益非課税型所得税は等価になるというわけである。

包括的所得税と制限所得税

アンドリュースによる証明は、冒頭の②の所得分類の問題に関して、包括的所得税と制限的所得税についての問題の理論的解明として有用である。収益非課税型の所得税は、利子・配当に課税しないから包括的所得税ではなく、制限所得税であるということになる。

この投資収益課税の問題は、下記において論じる二元所得税の問題とも密接に絡むものである。

ここで、包括的所得税との関連で、財務省がひっくり返って驚いた最高裁判所平成22年7月6日第三小法廷判決（いわゆる長崎年金二重課税事件最高裁判決）の投じた問題を見よう。現行の所得税制は収益課税型である。ところが、長崎年金課税訴訟の二重課税に関する最高裁判決は、あたかも収益課税型所得税を二重課税であると言っているように読む読み方もできるので、財務省は驚愕して即時に高名な租税法学者8名を招集して、「最高裁判決研究会」を開催した。そして、平成22年10月22日、最高裁判決の射程を極めて狭い範囲に限局する「最高裁判決研究会」報告書を公表した。この点は、のちほど第6節で見ることとしよう。

4　分配の公平と公正

所得税の累進構造による分配の公平・公正

所得税が担税力の指標として最も優れているという議論は、累進構造の導入によって所得分配の公平・公正を確保できるということから、１９７０年ころには極めて盛んで、公共経済学においても所得税単税論という議論までが普通に行われていた。

しかしながら、所得税単税論はともかくとしても、所得税基幹税論に対する最初のチャレンジは、強度の累進構造が経済活動に対するディスインセンティブとなるという問題であった。簡単に言えば、一生懸命働いて稼いでもそのほとんどが税金として持って行かれてしまうのであればもう働くのはいい加減にしておこうということになってしまうということである。このような勤労意欲という観点から、サッチャリズムやレーガノミクスのサプライサイド・エコノミクスによって、累進構造の緩和、税率構造の簡素化が行われた。ピケティが『21世紀の資本』において、格差の拡大の原因として、厳しく指弾しているところである。

また、他方では、高額負担に耐えかねた高額所得層による節税・租税回避行為によって、正確な所得の捕捉ということが、実際問題として執行不可能であるという問題も大きくなっていった。所得税のような痛税感を伴う課税の方式に対して、民族性としてなじまないという問題もある。例えばラテン系諸国、特にイタリアでは、脱税はスポーツ感覚で行われているということも事実である。また、ピケティが、脱税で有名なフランスの所得税のデータに大きく依拠していることを嘲笑する論者さえいる。このような背景事情のために、欧州統合に向けての試みの初期の段階から、付加価値税が基幹税として採用された。

このように、所得税の累進構造による格差の是正ということは、経済のグローバル化によって国際的租税回避が可能になっているという現実を十分に反映できていない。

かくして、本節冒頭の④の税率構造の論点（③の所得控除か税額控除かの論点もコロラリーとして含めるべきであろうが）は、所得税基幹論に対する重大なチャレンジにある程度の回答を与えてからのことでなければ、解決することができない。

5　国際的租税回避

国際的租税回避の進行

今日における所得税基幹論に対する最大のチャレンジは、高額所得者による国際的租税回避の問題である。

この問題ははじめのころは足の速い金融所得について生じた。二元所得税という考え方はこれに基づく。所得を勤労性所得と資産性所得に二分した上で、勤労性所得に対する税率には累進構造を導入するけれども、資産性所得には勤労性所得に対する累進税率の最も低いものをフラット・レートとして課するというものである。資産性所得の稼得者の方が勤労性所得の稼得者よりも所得水準が高いことはある程度容易に推定することができるので、このような二元所得税制は逆進的ではないかという批判を招く。しかしながら、金融所得が国境を越えてさっさと逃げ出してしまうことまでをも考えれば、低率で定率の負担しかしないとしても、そもそも資産性所得が国内からなくなってしまよりはまだましだということで、このような構想が提言された。立法例としてはノルディック諸国に見られる。

二元所得税は、金融所得の足が速いことに着目した1990年前後のことであるが、そのころと現今との相違は、ベルリンの壁の崩壊から始まった冷戦の終結によって世界経済が一体化したことにある。結果的に、ヒト、モノ、カネ、サービスなどが自由かつ瞬時に国境を越えるようになる度合いが急速に加速した。ところが、課税当局の執行管轄権は、基本的には水際(water's edge)までである。また、税制は国家主権の根幹をなしているから、国別の税制の相違は顕著である。これらがあいまって国際的租税回避が想像以上に大規模に行われている。その実情が明らかになったのは、2013年3月のキプロス金融危機と、その直後にICIJ（国際調査報道ジャーナリスト連合）によって明らかにされたブリティッシュ・バージン・アイランド（BVI）などのタックス・ヘイブンに秘匿されている資金の現状である。それ以前にNPO法人タックス・ジャスティス・ネットワークが、タックス・ヘイブンに秘匿されている資金規模が21兆～32兆ドルであろうという推計をしている。これについては、過小推計であろうということも述べた。

このように大規模な国際的租税回避が行われているという観点からすると、一国の中で、所得税を中心として所得の再分配を図って、公平・公正を実現するという考え方は、机上の空論になってしまう。

国際的租税回避への取組み

現在、このような国際的租税回避の問題に取り組んでいるのは、①G20／OECDのプロジェクトとなっているBEPS（税源浸食及び利益移転）と、②「税の透明性と情報交換に関するグローバル・フォーラム」によって推進されている自動的情報交換（AEOI）の枠組み作りである。しかしながら、BEPSの15のアクション・プランは既存の問題点の棚卸しをしているに過ぎず、ＩＣＩＪが暴露しているようなスケールの国際的租税回避の防遏に役立つ中身があるとも思われない。特にタックス・ヘイブンそのものに対する対抗措置が現時点では欠如していることは致命的欠陥である。

また、グローバル・フォーラムの努力が結実して自動的情報交換（ＡＥＯＩ）が進捗して行ったとしても、タックス・ヘイブン諸国・地域の当局が情報をそもそも持っていないのであるから開示させたとしても中身は空っぽであるという問題についての有効な解決にはならない。

これらの国際的租税回避についての有効な解決について、目に見える効果を持つ具体案（ピケティの程度の空想的なものではないもの）を提言できるのでなければ、所得税基幹税論者は、所得税の累進構造による所得分配の公平・公正を口にすることができない。ただし、ブリュノ・ジュタンによる『トービン税入門』には、タックス・ヘイブンを世界経済から切り離してしまうための銀行インフラからの具体的な提案があることは見た。

問題は、ニコラス・シャクソンが『タックス・ヘイブンの闇』でえぐり出した米国と英国である。

いろいろな租税回避スキームを見る場合に、ほとんどすべてのケースについてタックス・

ヘイブンが重要なコンポーネントとなっている。逆にいうと、タックス・ヘイブンがなければスキームを組成することができない。タックス・ヘイブンというブラックホールへの入り口を国際協調によって塞ぐことが最も手っ取り早い方法であるが、取り締まる側と取り締まられる側に、シティとマンハッタンという二つのタックス・ヘイブンがある。泥棒が縄を綯っている状況であるとすると、百年河清をまつの類であろうか。

6 失われたロウバストな中堅層

分厚い中堅層

日本はかつて「1億総中流」であるとか、「分厚い中堅層の存在が日本経済の強さの要因」などと言われ、富裕層はいるとしても超のつく大金持ちはいないとされて来た。しかしながら、今ではこれは神話に過ぎない。国内外のデータによれば日本の超富裕層はかなりの人数に上っている。その中では、国籍を離脱する者や、子供を米国で産んで米国国籍を取得させて租税負担を回避する例が知られるようになって来た。所得階層の二極分化は進ん

申告納税者の所得負担率（平成22年度）

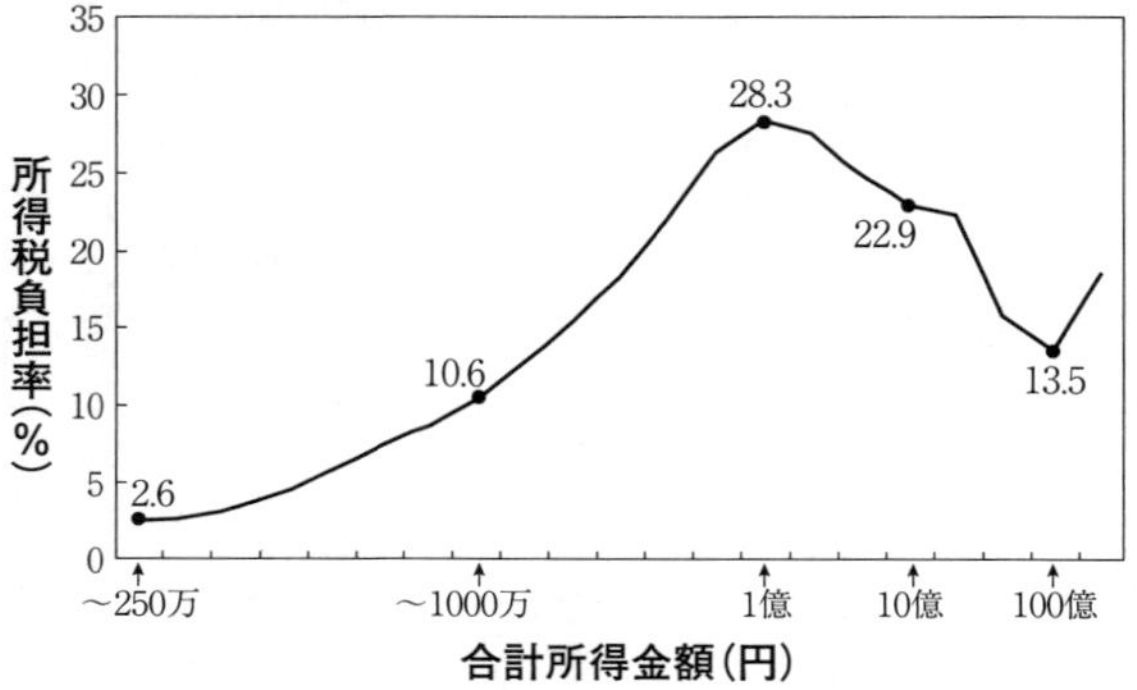

（出典：平成22年10月21日政府税制調査会専門家委員会提出資料）

ている。そして、フィルム・リース事件、航空機リース事件やデラウェア州LPS事件のようなタックス・シェルターが組成されたケースを見ると、その購入者の人数が多いことに驚く。ICIJによるBVIほかの利用者リストにも日本人は多数登場する。所得階層の二極分化は進んでいるのである。

総合所得税と分類所得税

日本の所得税は、総合所得税であることを標榜しながらもその実質は分類所得税となってしまっている。

申告所得税の所得税負担率は、ちょうど1億円を境に激減する。その原因は、配当・株式譲渡益の源泉分離課税が大きい。これらは、優遇税率で課税されているから、申告所得税と配当・株式譲渡益の負担を20%として合計したとしても、1億円を境として逆進的になっていることは否定できない。

即ち、日本の所得税は、所得再分配機能を果たすという機能において明確に失敗している。

7　分配の公平・公正の観点からの所得税の検討

日本の格差の現状

民間税調の設立の最大の動機は格差の是正ということであった。先述のように、日本の所得税は、所得再分配機能において明確に失敗している。この点は、民間税調の一大重要課題である。

一般に、格差を図る指標として最も初等的なデータは、ジニ係数と相対的貧困率である。ところが、日本のジニ係数は、再分配前の値に比較して再分配後の値はかなり低くなって改善されている。このマクロの指標は、「失われた中間層」と言う一般の感覚とはマッチしない。ジニ係数などの大雑把な数値を離れて、ミクロの分析を深めて行くことが欠かせない。

ひとつの有力な分析として、小塩隆士教授による業績がある。まず、小塩・田近・府川『日本の社会保障政策』（２０１４年、東京大学出版会）の第11章「所得格差と貧困」がある。そしてもう一つ、同じ小塩隆士教授による『効率と公平を問う』が標準的な著述としてである。

小塩教授の立論を要約して言えば、

①所得格差の是正に、現行の再分配政策が貢献しているのは事実である。

②その再分配による改善度はほぼすべてが社会保障によるものであって、税制による貢献はほとんどないといえる。

③しかしながら、再分配による改善度が向上していると言っても決して「金持ちから貧乏人へ」という内容の再分配が行われているわけではない。

④現在の再分配のかなりの部分は、実は現役層から高齢層への所得移転によって生じている。これは社会保障のかなりの部分が現役層の負担によっているからである。年金保険が積立方式でなく賦課方式によっているのが典型例である。社会が全体として高

齢化していくと再分配が進んでいるように見えるが、これは制度の仕組みから来る当然の帰結であって、本来の再分配の向上がうまく行っているということは別のものである。さらに、公債を通じてまだ生まれていない世代に莫大な額のつけが先送りされていることも重大な問題である。

⑤さらに、同じ年齢層の中で観察すれば、所得再分配がうまく機能しているわけではないことが分かる。

(a)特に、高齢層の中で見ると、国際比較で見ても所得格差が大きい。高齢層の格差は勤労世代であったころの格差を反映してしまうからでもある。

(b)現役層の格差問題への対応にも大きな問題があって、再分配がうまく機能しているとは言えない。とりわけそれは「子供の貧困」という形で現れる。生まれた段階で既に将来の格差が決定づけられているとさえ言わなければならない状況がある。

⑥結論を言えば、日本の再分配政策は、格差是正や貧困軽減に役立っていない。

(a)日本のジニ係数はＯＥＣＤ諸国内比較で、再分配前では先進国の中で平均的な格差の国であるが、再分配後では格差の大きいグループに属する。

(b)相対的貧困率でも、等価所得ベースでも平均を上回っているのに可処分所得ベースで見るとさらに上昇する。

⑦全体として、これらの状況の原因は、制度設計のミスにある。即ち、次の2点が指摘されなければならない。

(a)制度が所得水準でなく年齢に結びつけられているところにある。

(b)正規雇用者と非正規の間で格差が拡大する仕組みになっている。

⑧特に、社会保険料の逆進性に問題がある。制度的仕組みとして、定額部分が含まれているからである。１４９頁の図は、家計調査をもとに、所得階級別に十分位でみた消費税、所得税・住民税、社会保険料の当初所得に対する比率を見たものである。消費税は逆進的であり、所得税・住民税は累進的であるが、問題は、社会保険料負担の大きさである。所得階級のⅠから、なんとⅥまでにおいて、社会保険料負担が税負担の合計額を上回っている。

格差是正の問題点の所在

以上のような分析から、今後において格差の是正を論じるにあたって、３つのことが言えるであろう。

第1：格差是正は、税制だけの問題ではなく、税負担、社会保険料負担、社会保障給付の3点をセットで考察しなければ意味がない。これは社会保険料負担のウェイトが大きいためで、このことは小塩図を見れば一目瞭然である。この場合において、社会保障が世帯を単位として考えていることとの平仄において、本節のはじめに、①として「課税単位」の問題を課題として取り上げた。課税単位の問題は重要な位置づけになると考えられる。税制は個人単位、社会保障は世帯単位で見ているというようなことでは、議論を接合することができないからである。なお、子供の貧困の問題に関連して、文教政策も重要となる。

第2：社会保障において保険方式が果たす役割を再検討しなければならない。この点については項を改めて論じる。

第3：『税制が、ほとんど再分配に寄与していない』という状況を認識して、税制の所得再分配機能について考え直さなければならない。この点については国際的租税回避の問題を看過してはならないことは既に見たし、第2節「消費税」においても簡単にではあるが触れたところである。これは基幹税の選択ないし最適タックス・ミックスを考える上での大問題である。「消費税を基幹税として選択すると、税制による再分配機能について期待をすることができなくなる」という観点から、歳出面からの社会保障給付への考察と併行して、所得税制の再分配機能を改めて考え直す必要がある。

社会保障制度と再分配について

社会保障を考えるに当たって、「社会保障がはたして所得再分配のための仕組みかどうか」ということまで遡って考え直す必要があるという指摘もある（小塩ほか上掲書４ページ）。このような議論では、社会保障はリスクの分散・軽減を役割として、所得再分配は税の役割であるとする。そして、マンデル流の「政策割当」（１政策目標に１政策手段を割り当てるという理論）を引用して、任務分担を割り切ってしまうものである。経済学の理論には忠実であるが余りにも観念的である。

保険方式と税方式

むしろ真に問題なのは、社会保障の財源を考えるに当たっては、保険方式と税財源方式があって（それぞれ保険原理と福祉原理（扶助原理）に基づく）、そのどちらをどのような形で採用すべきかということである。

保険原理とは、リスクの分散を図るものである。即ち、保険事故が起きた場合の負担に個人では耐えられないから、予め皆で少しずつ金（保険料）を出し合ってプールして、事故に遭遇した者はそのプールから保険金をもらって事故の負担に耐えられるようにする。

拠出すべき保険料と受け取るべき保険金は、保険数理に基づいて厳密に計算される。そこでは、給付・反対給付均等の原則と収支相償の原則が中心原則である。プールが破綻すれば、保険料を拠出した者であっても保険金を受け取れないことになるから、破綻しないように厳密な計算が行われ、ソルベンシー・マージンなど厳しい規制もかかる。そこには、とうてい再分配という観念の入る余地などはないように見える。

しかしながら、これは理想的な保険のあり方であって、この原理を貫徹するには皆保険でなければならない。もし、自分が人より少ないリスクにしか面していないと考える者がいれば、このような者は、保険に入らない可能性が排除できない。これを「逆選択」という。そうすると保険には、自分が高リスク者であると思っている者しか加入しないから、皆保険は、仕組みとして成り立たなくなる。これは「市場の失敗」である。そこで政府の出番となって、「社会」保険として制度を整備して、「皆」保険にするために「強制加入」とする。オバマケアが解決しようとしているのはまさにこの点である。

社会保険になると、社会保険料が報酬比例になったりするので、どうしても福祉原理が入り込んで来ることになるが、それは、異なる原理が入って来ているのであるということを理解していないと、議論は迷走する。

老齢年金の問題

老齢年金に保険方式が採用されているが、これはどうであろうか。疾病や失業は保険事故といえるから保険方式になじむ。皆で金を出し合って、保険事故にあえば保険金をもらえる一方、保険事故にあわなければ保険料は掛け捨てとなるので、保険としての辻褄はあう。しかしながら、高齢ということはほとんど誰にでも来ることであるから保険事故と言う観念にはなじまない。そこで、平均年齢を超えて長生きをするリスクが保険事故であるというような説明がひねり出されている。

抽象論はともかくとして、積立不足が明らかになってから、積立方式から賦課方式に徐々に切り替えられている。賦課方式とは、現役層が支払う保険料が、高齢層の保険金の原資になることである。この時点で既に保険原理では説明できなくなってしまっているのであるが、それでもまだ保険金の原資は足りないので、公的資金（税および公債金を財源とする）も投入される。福祉原理の導入である。それでますます計算がごちゃごちゃになって、負担（税と社会保険料）と給付は結びつけられず、保険料を支払うだけ損であると考えて保険料を支払わない者の数は増えて行く。

とりわけ国民年金は、かかる保険料の不払いが増大しているために、実情は既に破綻している状況にある。厚労省は、保険料を支払わなければ保険金も出て行かないのであるから年金制度として破綻することはないなどと言う。しかしながら、一方では、国民年金は「基礎年金」という名称が与えられて、国民「皆」年金制度の基礎として説明されている（「ベヴァレッジ方式」の印象を与えている）。不払いによって、国民年金が抜け殻と化して行く状況なのであれば、国民「皆」年金の建前が崩壊するし、基礎年金でもなくなるのであるから、それでも破綻ではないというのは説明としては成り立たない。愚かな説明であるというほかはない。

白地に絵を描くことができるのであれば、老齢年金にはむしろ福祉原理を導入して、デンマークやニュージーランド、オーストラリアのように、税財源方式の定額年金制にすべきであろう。個々人が上積みを求めるのであれば民間の保険によって、自前で上積みを図ればよい。これは老齢年金の民営化論ではない。高齢層の社会保障について、保険原理から福祉原理への切り替えを図る考え方である。ビスマルクが労働者階級に対する懐柔策ないし騙しのテクニックとして導入した社会保険（「ビスマルク方式」）が、未だに世界中の社会保障制度に影を落としていることに対するアンチテーゼである。

そうは言っても現実の問題として、過去に積み立てられた巨額の積立金があるのが事実であるから、制度を切り替えようとする場合には、経過措置に多大な困難を伴うこととなる。

日本の社会保障制度

小塩ほか上掲書の6ページに戻ると、そこには日本の社会保障制度についての批判がある。そのポイントは、日本の現行の社会保障システムは保険原理と福祉原理が未整理のままに混在しており、複雑になり過ぎていて、理解を困難にしているという指摘である。

これらの問題についての対応策は、今後の課題である。その場合、税制を論じるとしても税制だけでは議論は完結しないということを十分に理解しなければならない、ということである。

8 社会保険料と租税法律主義

最高裁の判例

社会保険料と税との関係は、最高裁判所平成18年3月1日大法廷判決（旭川市健康保険条例事件）がある。社会保険料という名目の下で、保険原理に基づいている場合であったとしても、逆選択を避けるために皆保険制度をとって強制徴収するのであれば、実質は税であるから、租税法律主義に従うべきである。

厳密に保険原理に従っていたとしても、強制の契機があれば、財政学のいう応益負担課税として租税の概念に該当する。ましてや、再分配的要素が混入している場合には、社会保険料の名称の如何に拘わらず、その性格は応能負担による一般の課税原理が潜り込んでいることにほかならない。

小塩立論の要約において見たように、社会保険料が大きな負担を課すものとなっている。社会保険料の増額は行政内部だけの判断で容易に行えるようであってはならない。社会保険料であると税であると、その名目を問わず、租税法律主義に従わなければ、安直に社会保険料負担が増加して行くということである。
旭川市健康保険条例事件は、ことがらの本質に直面することを避けた現状追認型の判断であり、税という名がつけば税で、保険料という名がつけば保険料であるという判断である。問題の所在を十分に理解していないか、理解しているけれども目を背けている不適切なものと言わなければならない。

「日本の税制は、所得再分配機能をほとんど果たしていない」
「特に所得税は、累進的であるどころか逆進的でさえある」
「社会保険料負担は重く、かつ、定額の要素があって逆進的である」
……という事実にどのように取り組むべきか

これが問題である。社会保険料をすべて税にして、税制の内枠に取り込んでしまうとすると、再分配の制度の見通しはよくなるであろう。

9 納税者の権利意識

最後に、年末調整についての問題点を指摘する。

日本の納税者は、税がどのように決められ、納めた税がどのように使われているのかを、あまり知ろうとしない。このような傾向は、源泉徴収制度と年末調整に原因がある。大多数の給与所得者は、年末調整があるために税務署と直接接触する機会をもっていない。結果として日本の給与所得者の納税意識は総じて薄くなる。税制や争訟手続きに関する知識も乏しいと言わざるをえない。諸外国では、たとえばアメリカにも源泉徴収はあるが、日本のような年末調整はない。給与所得者といえども還付申告をしなければならないから、申告をする。納税者としての意識の差は、こういうところに生じると思われる。

日本の源泉徴収制度は、徴税当局から見ると大きなメリットがある。源泉徴収義務者というように、給与を給与所得者に支払う者は源泉徴収分を差し引いた残額を給与として給与所得者に支払い、年末に年末調整を行わなければならない。逆にいうと、当局は徴税にかかる必要なコストを源泉徴収義務者に負わせているということでもある。日本のこの源泉徴収の仕組みは、給与に限らずいろいろな局面できわめて完備されており、各国課税当局の間でも「世界に冠たる源泉徴収システム」とみなされている。

給与所得に関する源泉徴収制度は１９４０年に導入された。戦時において徴税を効率よく、かつ確実なものとするために導入された制度である。源泉徴収制度そのものはどの先進国にも見られるものである（フランスの申告所得税に源泉徴収はないが、近々導入されるということは述べた）が、「年末調整」の制度は、第二次大戦中のナチス・ドイツの発明に係るものである。日本では、戦時中ではなく、戦後の混乱に紛れて導入された。１９４９年のシャウプ勧告では、年末調整の制度は早期に廃止すべきであるとされていたが、現在にいたるまで制度として生き残って機能している。

主税局に在勤中のときのことであるが、ある局員が、給与所得者における源泉徴収制度と年末調整の組合せについて「愚民政策である」と言っているのを耳にした。税務署との接触の必要がなければ、国民は税制に対する関心を失い、一切は課税庁側の裁量に任せるという結果になりやすい。しかも、多めに納付することを義務付けておいて、その分を年末調整に際して還付すれば、還付を受けた方では気分的には儲かったような気持ちになって機嫌が良くなる。統治の方法という観点から見ても、源泉徴収制度と年末調整の組合せはよくできた制度なのである。件《くだん》の局員は自嘲気味に語っていた。

民間税調が、205頁において⑤として年末調整を論点として取り上げるのはこのような事情を問題視していることによる。

第４節　資産税・富裕税

1　資産税の論点整理

本節も例によって基礎理論から始める。考え方を示すに当たって、根本的・理論的な誤りを避けるために、欠かせない作業である。しかしながら、資産税・富裕税について、理論的なバックグラウンドとなるべき理論的考察は実は乏しい。

2　資産税

分配の公平・公正

分配の公平・公正を議論する場合に、意識していないともっぱら「所得」の分配のことを念頭に置いて議論しがちである。しかしながら、インドのラージのところで触れたように、所得の分配と同時に、「資産ないし富」の分配とを併せて考えるのでなければならない。資産税ないし富裕税を考えることは、このようにして必要である。

ちなみに、富裕税という言葉には、所得に着目する所得税型富裕税と資産に着目する資産税型富裕税を含むのが一般であるので、上記のような問題設定の内枠で議論する際には、資産税という言葉を用いることとし、富裕税という語を使用する場合には、資産型か所得型かを明示することとする。

問題のたて方の難しさ

さて、所得の分配と資産の分配の公平と公正を同時に処理するということには、かなりの難しさがある。この両者をどのように組み合わせて考えればよいのかは、価値判断の領域に属するので、理論的に整理された形ではほとんど示されたことがないように思われる。スティグリッツ『公共経済学・第2版（下）』には若干の記述があるが、立法論を考えている本書の立場としてはあまり参考にならない。

所得が同額の個人が2人いて、そのうちの1人の資産ともう1人の資産に極端な差があるという場合に、いかなる税制によって、どのように分配の公平・公正を考えるべきであろうか。所得税負担が同等であるというだけでは完結しないと普通には考えるであろう。特に極端な場合として、所得は全くないが有り余る莫大な資産を取り崩して豪奢な生活を続けている個人（ラージの場合）と、消費に必要な所得を稼得するのが精一杯で、貯蓄はすることができず、相続した資産もない個人（無資産勤労者）との間で、それぞれの租税負担はどうあるべきであると考えるべきであろうか。

所得税のところで見た支出税はその問題に一つの答えを出そうとした試みであったけれども、技術的な問題をクリアできないから現実的な税制とは言えない。しかも、収益非課税型の所得税と同等になるのであるとすると、包括的所得税概念とは齟齬を来すという理論的な問題があることさえ明らかになってしまった（アンドリュー・ウィリアムズの証明）。さらに、ラージと無資産勤労者の支出が同額であれば、支出税を課するだけでは平等であるという帰結にはならない、と言えば言えなくもない。

所得が同額の個人が2人いて、そのうちの1人の資産ともう1人の資産に極端な差があるという場合には、所得税制の補完税としての資産税を併課するというのが、取り敢えずの解となりそうである。

しかしながら、資産税の場合、キャッシュ・フローがなくとも課税をすることになるのが通常であるから、実現主義の観点からの難点がある。また、所得税のうちでも、譲渡所得税はむしろ資産課税であると理解されるから、混乱の種はある。加えて、技術的難問は多々ある。資産税型の富裕税が実施に困難を来たす実例は、ひとつにはこのような技術的な問題に過ぎないようにしか見えないけれども、実際には見かけ以上に重要な問題を含むからである。

3 相続税

相続税の制度趣旨

ひとまず、現行の相続税を考えよう。

相続税は、資産税であるという理解がある。ところがこれとて、詰めて考えれば実は疑問があり、これが、相続税の本質論に関わる。

相続税制度の本質論は、大問題である。相続税は類型学的に、大別して

① 遺産財団課税、
② 遺産取得課税
との2種類に分かれていることは周知のとおりである。課税におけるスコープが被相続人の遺産か相続人の所得の増加かの相違である。

比較法

英米法系諸国では、遺産財団課税を発展させて来た。個人が蓄積した資産の社会への還元を制度理由とするものであり、後に見る資産課税型富裕税の考え方である。典型は米国である。しかしながら遺産財団課税には、なぜ遺産財団に課税がなされるのかという制度理由を突き詰めて行くと、何かしら舌を噛みそうになる部分があって、うまく説明することができない部分が残る。被相続人における所得課税との二重課税論や、相続人側の負担の公平・公正を考えるときに特にそうである。歴史的経緯を無視して、白地に絵を描く場合にはとりわけこれらの疑問が浮き彫りになる。

他方、大陸法系諸国は、遺産取得税を採用する。これは所得税の補完税という考え方である。典型はドイツである。さらに、カナダやオーストラリアでは、遺産の取得による資産の受領を、そもそも所得課税の一類型として取り扱う。

相続税のない諸国

比較法制的には相続税のない諸国も多々ある。武富士事件の舞台となった香港や、シンガポールなどはその典型である。相続税を置かない国では、いったん所得課税に服した税引き後の所得に対してさらに課税をすることは、所得に対する不当な二重課税ではないかという議論がなされたりする。

カナダは相続税制度を廃止したが、これは相続による資産の移転を、所得税制の内枠で譲渡所得として処理するからである。ただし譲渡所得課税という取扱いながら実現主義は取らないで、相続の時点で課税する。或いは、相続を実現の契機と捉える。

オーストラリアも、同様に、相続による資産の移転を所得税制の内枠で譲渡所得として処理して、相続税を廃止している。ただし、こちらでは実現主義に従って、相続の時点では課税をしない。そして、相続人が承継した資産を処分する際に、初めてキャピタル・ゲイン課税が行われる。そしてその際に、被相続人の取得費の相続人への引継ぎが行われる。相続を実現主義にいわゆる実現としては捉えていないわけである。

ちなみに、ヘイグ＝サイモンズの包括的所得概念のうちには、相続・贈与により取得した資産もΔAに属する所得として所得とされている。

遺産財団課税の典型として挙げた米国では、ブッシュ減税の一環として遺産税が廃止されたが、オバマ政権によって復活したため、結局は２０１０年の１暦年に限って、遺産税がないという状況が出現した。このために被相続人を何が何でも２０１０年まで延命させるビジネスがドラマになったりした。

スウェーデンも最近になって相続税を廃止した諸国のうちのひとつである。スウェーデンの場合は税収が僅少であるのと相続税負担を嫌って国外へ脱出する例が多いために、廃止に追い込まれたという説明がなされている。

日本

日本は、シャウプ勧告に従って遺産取得税方式をとっているが、現行の相続税が所得税の補完税と言う考え方によって整合性を以て貫徹されているわけでもない。この点について金子宏『租税法・第19版』５５６ページは、遺産がどのように分割されても、税額の合計額が、相続人が法定相続分で相続したと仮定した場合の税額の合計額と等しくなるようにしていることを、遺産取得税方式の体系の修正としている。

さらに、この点については、平成20年の税制改正の要綱において平成21年の改正によって遺産取得税方式に整合的に純化することが予定されていたけれども、実際には平成21年度において改正はされていない点についての指摘もある（この記述は同書の第20版からは削除されている）。

所得税の補完税

相続税について、基本概念としては所得税の補完税であるとするけれども、遺産取得課税を所得税の体系に取り込むとすると、相続する財産がウィンドフォール・プロフィット（棚からぼた餅）のような性格を否定できないことから、他の所得よりも高い担税力を認めて、税目を別にして、特別の取扱いをしているという説明がなされている。これはもっともらしい。総合所得税を標榜しつつ実際には分類所得税である日本の所得税制の各種所得の一類型であるというわけである。

そのようなわけで、日本の相続税を資産税に分類することもある。相続税のことで役所に行くと、何気なく、資産税課とか資産税係があったりする。このような資産税という分類に対して、日本の現行の相続税を資産税に分類することを誤りであると記述する学者がいる。

他方、所得税制によってはカバーできない富の集中を排除する、という考え方も、シャウプ勧告以来連綿としてあるので資産課税型富裕税の要素を否定することもできないとする学者もいる。かくして日本の相続税は、整合的説明が破綻しているハイブリッド型となっている。

相続税の負担

かつては相続税の負担が重く、3回相続があって、相続税課税が行われると富裕層の資産もほぼなくなると言われ、富の分配の公平・公正に資する税制であると言われた時代があった。「一億総中流」と言われ、分厚い中堅層の存在が日本経済の強みであるとされていたころのことである。

しかしながら、今ではむしろ、実際の相続のうちの4パーセント程度にしか相続税が適用されないということが問題視されている。そして、平成26年の税制改正によって、基礎控除の引下げや税率の引上げなどの方法によって相続税の強化が行われ、相続税の適用対象は7パーセント程度に引き上げられると予想されているところである。

事業承継税制の要素

他方では、中小企業のオーナー経営者について、相続による資産の分散によって事業が成り立たなくなるということが問題視されて、事業承継税制という考え方が入れられるようになり、事業の継続という方向から相続税の負担のあり方が見直されてきた。

所得税との二重課税

所得税と相続税の関係から生じる諸問題について理念から結論を導こうとしても一義的な解が得られそうもないのは、考慮しなければならない要素がこのように複雑に絡み合っているからである。

長崎年金二重課税訴訟（最高裁判所平成22年7月6日第三小法廷判決）に触発されて、提訴が行われるようになったためか、近時において東京地方裁判所平成25年7月26日判決などの裁判例が出始めた。これら裁判例は、被相続人による資産の取得時点から相続の時点までに発生している含み益について、所得税と相続税の二重課税となっているのではないかという問題を取り扱っている。東京地裁、東京高裁の裁判例の判示は、どれもほぼ似通っており、「二重課税ではない」と述べているというよりは、むしろ、「法律はその文面上、当該含み益を相続税課税の対象としても譲渡所得税の対象としても取り扱っているのであるから、相続税も所得税も課税されるのである」と述べているのに過ぎない。それが合理的であるとか相当であるとかの判断も下していない。言い換えれば立法政策の問題に過ぎないとしているわけである。

そもそも二重課税だからけしからんということは必ずしも言えない。二重課税そのものが許容され、ないしは問題とされていない例はそれなりにある。

二重の課税の総合した税負担が、合理的な程度を超えて納税者に負担を求めることになる場合に、財産権の保護という憲法上の問題を惹起する。

4　富裕税

富裕税

富裕税は、分配の公平・公正のために導入される税を総称するものであって、類型的には所得課税系統のものと資産課税系統のものとがある。

富裕税については、ピケティの『21世紀の資本』において国際資本税（正確には国際資産税）が提案されて以来、突如として注目を集めることとなった。

資産課税型富裕税

顧みるとき、所得税対消費税の基幹税論なども、これまでは富の分配状況についてほとんど考慮しないままに分配の公平・公正についての議論を繰り広げてきている。そうであるとすると、インドのラージの例を引くまでもなく、所得税だけに対象を絞った議論はいずれも欠陥商品であるというべきなのかも知れない。

資産課税の最大の難問は資産の評価である。市場価値があればよいが、市場価値のない場合の評価方法としては、理論的にはＤＣＦ法（ディスカウンテッド・キャッシュ・フロー法）が優れる。ＩＦＲＳ13号の公正価値の議論が参考になるだろう。ただＤＣＦ法は、将来収益のフローおよび用いるべき割引率という2つの確率変数を含むので、実務の実際に多大な障害がある。それでもＧ20／ＯＥＣＤのＢＥＰＳ（税源浸食および利益の移転）プロジェクトのアクション８（移転価格関係のうち無形資産を取り扱う）においては、無形資産の評価についてＤＣＦ法を用いることを中心に議論が進められている。そうすると、ＤＣＦ法は数学的すぎるから理解できんと言って突っ放しているわけにもいかない。

租税法の世界にも経済学や確率・統計が必要になって来ている。

日本の資産課税

我が国の場合において、資産課税のカテゴリーに含めるべきものは相続税・贈与税と固定資産税とされたりするが、キャピタル・ゲイン課税も資産課税の範疇に属する。また、地方税として自動車税等もある。地価税法も法律として廃止されているわけではなく、租税特別措置法71条によって停止されている。

相続税の本質論についての議論については、上述したとおりであって、資産課税であるとは言えないとする議論もある。そこでは、相続税の存在理由を何に求めるかについて、議論が錯綜していることについて述べた。各国の立法例、特に所得課税の一環として位置付けているカナダとオーストラリアの例には興味深いものがあることも紹介した。

固定資産税の本質論についてもかなりややこしい議論があるが、地方税については国税に関する華やかな論争の陰に隠れてなかなか表舞台に登場してこない傾向がある。この点については他日を期する。

オバマ大統領

2015年の年初には、オバマ大統領による一般教書（1月21日）、予算教書（2月2日）における富裕層課税のメッセージが注目の的となった。これらにおいて、オバマ大統領は、中間層の充実を図り、富裕層に税負担を求めるとの方針を打ち出した。富裕層に対する課税強化の内容は、一般教書によれば、富裕層の利用する税制のループ・ホール塞ぎである。また、キャピタル・ゲイン課税の税率の23・8%から28%への引上げは予算教書による（なお、法人所得課税については、米国法人の国外所得について19%の法人税率を適用することとするほか、米国法人が国外に蓄積している所得について1回限りで14%の課税をするとしている)。ただし、米国の場合は大統領型三権分立であるので、議院内閣制型三権分立の日本と異なって、大統領には予算法(予算は日本と異なり、法律の形式をとる)も含めて、法律を議会へ提出する権限がない。そして、先般の中間選挙によって上下両院とも共和党がマジョリティとなっているねじれ状況であるから、オバマ大統領の提案にかかる富裕税構想導入の成功は、とうてい予想し難い。

オランド大統領の富裕説

これまで富裕税を導入していたフランスでは、その撤廃に追い込まれた。富裕税は、オランド大統領の選挙公約であったが、その最初の法案である最富裕層個人への75%の最高税率による課税は、憲法裁判所によって違憲とされた。

フランスの憲法裁判所(コンセイユ・コンスティテューショネル)は、両院で成立した法案についてその成立前に憲法適合性を審査するものであって、司法裁判所的というよりは立法府的である。その構成員を見ても政治的色彩が濃い。

オランド大統領はこれにくじけずに、企業に対する課税に方針変更をして、企業が従業員に年間百万ユーロを超える給与を支払った場合に、超過分に対して社会保険の負担金を含めて最大75％の累進税率により課税するという税制を導入した。

ところが、これによって企業のフランスからの脱出が始まってしまい、税収もほとんど上がらず、失業者も増大し、ついにオランド大統領も屈して、導入後わずか２年でこの富裕税の廃止に踏み切った。２０１５年1月1日付けである。

ミッテランの富裕税

ミッテラン大統領の時に、資産型富裕税として富裕税が導入された。これはオランド大統領の所得型富裕税とは異なり、資産型富裕税である。ジェトロによる調査に基づいて紹介すると、富裕税（impot de solidarité sur la fortune）とは、純資産が80万ユーロ以上の場合、富裕税の対象となる。純資産が80万ユーロ未満は非課税である。税率は下表のようである。

民間税調

日本ではシャウプ勧告によって、昭和25年に富裕税法が立法さ

80万〜130万ユーロ以下は0.5％
130万ユーロ超〜257万ユーロ以下は0.7％
257万ユーロ超〜500万ユーロ以下は1％
500万ユーロ超〜1,000万ユーロ以下は1.25％
1,000万ユーロを超える場合　1.5％

れ、富裕税が導入された歴史がある。当時の所得税の最高税率85％が高すぎるという観点から、これを55％に引き下げて、その代わりに富裕税を課することとしたもので、個人の資産に対して0・5％〜3・0％の累進構造の税率を以て課税するという仕組みである。しかしながら、資産評価の問題もさることながら、そもそも個人の財産を把握する困難に直面して、昭和28年に廃止され、その代わりに所得税の最高税率を65％とした。

民間税調は、所得課税型と資産課税型の富裕税の双方を検討しているが、これまでほとんど議論されてこなかった資産課税型の富裕税による富の再分配という構想は、フランスに見られたような税源の国外脱出という難問に直面せざるを得ないであろう。

出国税

ちなみに、平成27年の年次税制改正によって、日本においても出国税が導入された。出国税は、含み益の出国時における課税であり、キャピタル・ゲイン課税であるから、資産の含み益の保有者の階層という観点から見れば、富裕税の一類型である。

第5節　金融取引税（FTT）

1　トービン・タックス

トービン税とは

1971年のニクソン・ショックによる戦後の金ドル本位制からの離脱が、73年からの変動相場制への移行をもたらした。経済のファンダメンタルズ（指標）に応じてレートを変更することを予定するのであれば固定相場制の方が望ましいには違いないのであるけれども、マーケットの本格的な売り浴びせに対抗するだけの資金力は国家にはない。このために世界経済は変動相場制の時代に突入したのである。マーケットによるマネーゲーム的な投機が節度を超えてしまって、資本主義のアニマル・スピリッツがグリード（強欲）に変貌して世界経済が崩壊の危機に瀕する例を、われわれは目撃してきた。

後にノーベル経済学賞を受賞するジェームズ・トービンは、このような怒涛の為替投機取引に制約を加えるアイデアとして、為替取引に極めて低率な課税を行うという提案をした。その最初のものは72年の講演であるが、78年の講演でこの提案を本格的に展開した。

いずれにせよ為替取引税（または金融取引税）をトービン・タックスというのはこれに由来する。ニクソン・ショック直後の72年には既に構想を抱いていたとしてもそれは驚くには当たらない。金ドル本位制を基礎とする固定相場制に対するマーケットのアタックは、ニクソン・ショックのかなり前から始まっていて、固定相場制を維持しようとする各国通貨当局の防戦は敗色濃厚であったからである。

トービン・タックスは、高速で回転する車輪に砂を放り込んで、そのスピードを少し落とすというたとえが用いられる。現在のナノ秒単位の高頻度取引（ハイ・フリークウェンシー・トレーディング、ＨＦＴ）についての対抗策が、40年前には既に考えられていたというわけである。しかしながら、この構想は、国際金融論の教科書に記述がある以上のものに具体化されることはなかった。これがアカデミックな議論の世界を出て実際の危機対策の手段として考察の対象となるように至ったのは、92年のポンド危機、97年のアジア危機など、ヘッジ・ファンドによるマネーゲームのもたらす金融危機が、グローバルな金融危機として意識されるようになってからのことである。

国際連帯税

他方、この間において、トービン・タックスを開発援助の資金源として位置付ける構想も現れるようになった。最初は94年に国連開発計画（ＵＮＤＰ）が、ついでＭＤＧｓ（ミレニアム開発目標）での貧困対策のための資金として、などである。国際連帯税という言葉の下で議論がなされるとき、国際通貨投機対策という目的である場合と、開発援助資金の財源という目的である場合の２つのタイプがあり、これらを混同すると議論が噛み合わない場合が出て来るので注意が必要である。

後者の場合、トービン・タックスだけが資金源として取り上げられているわけではなく、航空・海上輸送税その他各種の新税の構想がある。とりわけ、航空券税はフランス、韓国など10か国で現実に導入されているし、資金使途として途上国のエイズ・結核・マラリア等の治療薬や診断薬の提供を行う国際医薬品購入ファシリティ（ＵＮＩＴＡＩＤ）も用意されていて、実際に税収の受け皿となっている。

ＥＵにおける金融取引税

最近においてトービン・タックスがより一層注目を浴びるようになっているのは、ＥＵ

において金融取引税（ＦＴＴ）の実現が具体化していることによる。

即ち、２００８年のリーマン・ショックの発生後に金融機関に公的資金を投入して too big to fail（大き過ぎて潰せない）の政策を採ったのであるが、そのいわば公的資金の取り立てとしての位置付けで議論が始まったのである。

11年9月28日、欧州委員会のＥＵ指令案が出された。その内容は、金融機関の間の株式・債券・デリバティブなどの幅広い金融商品に課税し、税率は、株式・債券０・１％、デリバティブ０・０１％であって、５７０億ユーロの税収を見込むというものであった。課税対象は、原則、ＥＵ域内で設立された金融機関が関わる金融取引であって、取引が行われる場所に関係なく課税対象となる。ところが、英国等の強い反対もありＥＵ全体での導入の道は閉ざされてしまったのである。

さて、ＥＵにおいてはこの種のＥＵレベルの法案は、欧州理事会における全会一致による合意がなされることが原則である。しかしながら、全会一致というのでは条件が強すぎるので、「強化された協力」(EnhancedCooperation) という例外手続きがＥＵ条約上に設けられており、3分の1の加盟国の参加による導入が可能になっている。

ＥＵ経済・財務省理事会（ＥＣＯＦＩＮ）のエンドースを経て、13年2月14日、11か国が、この強化された協力手続によって金融取引税を導入することで合意した。この11か国とは、フランス、ドイツ、イタリア、スペイン、ベルギー、オーストリア、ギリシャ、ポルトガル、スロバキア、スロベニア、エストニアである。

11か国に過ぎないと言っても、英国を除くEUの主要経済のほとんどをカバーしていることは見てとれよう。特に、EUの牽引車という位置付けになっているドイツのメルケル政権が積極的であることは大きい。

シティを擁する英国は反対であり、オズボーン英蔵相は、この合意が英国経済にもたらす影響を懸念して抗議し、4月19日、欧州司法裁判所（ECJ）に提訴した。ECJは、この提訴を4月30日に却下したが、これは実質論によって却下したものではないので、FTTの導入がもっと具体化した段階で、第2ラウンドの提訴が予想されている。

13年5月6日のECOFINにおいて、欠席した一国を除く10か国の蔵相によって、16年1月1日からの実施に着手することについての合意がなされているが、14年末までに具体的な実施案の合意に至るという目標は、フランスが第一段階でデリバティブズに課税することに反対したために達成できなかった。

2 フランスの金融取引税

この間、フランスは、12年8月という早い時期に、FTTをフランス単独で導入した。その内容は、課税を株式取引に限定しており、10億ユーロ以上の資本を市場で調達するフランス企業の株取引に0・2%、高頻度取引とCDSには0・02%の税率で課税するというものである。税収は、12年8月から13年8月の1年間で6億4800万ユーロであったと報告されている。ちなみにイタリアも13年3月に、FTTを単独で導入している。フランスが当面株式取引についてのみ課税することに固執して、デリバティブズに課税することに反対したことが、14年末の11か国合意成立の妨げになったのであるけれども、最近になってフランスは態度を軟化させているので、進捗が見られることが予想されている。

3 金融取引税の問題点

ＦＴＴが導入された場合、取引の一方の当事者が11か国の銀行であったとすると、他方の当事者の銀行がこれら11か国に属する国の銀行ではなくても、課税の対象となる。シティの繁栄に依存する度合いの大きい英国が反対するのも故なしとしない。アメリカやＩＭＦもＦＴＴには反対の意向を示している。

ドラギ総裁の率いる欧州中央銀行（ＥＣＢ）は、現在のＰＩＩＧＳ（ポルトガル、イタリア、アイルランド、ギリシャ、スペイン）を中心とする欧州の危機に対応すべく、量的緩和に踏み切った。欧州金融危機のさなかにおいても11か国によるＦＴＴの導入作業は進められている。

第6節　二重課税

1　所得税と相続税の二重課税問題

いわゆる長崎年金二重課税事件において、最高裁判所平成22年7月6日第三小法廷判決の判示は、所得税と相続税の二重課税問題一般について判示している。それが引き金となったものと思われるが、それ以後、所得税と相続税の二重課税を理由として訴えが提起されるようになり、納税者敗訴の判決が続いている。

東京地方裁判所平成25年7月26日判決などである。典型的には、被相続人が取得した資産について相続が行われる場合を考える。相続においてはその資産が時価評価されるので、その時点までの含み益について相続税課税があった形となる。他方、相続の時点以後において相続人がその資産を売却すると、譲渡所得の課税の計算上の取得費は被相続人の取得時価であるので、相続の時点までに生じた含み益についても所得課税が行われる。被相続人の取得から相続の時点までに生じた含み益について、相続税が課された後、所得税が課されていることになるから二重課税であるというわけである。二重課税そのものが端的に不当というわけではないけれども、この場合のような二重課税は誰が考えても過重な負担を強いるものではないかということである。相続税の本質をどのように考えるかということにも関わる。

DCF法を前提とした最高裁判示

判例評釈は多々あるので、ここでは少し斜めの観点から考えてみたい。長崎年金二重課税の訴訟における最高裁の判示には、次のような文がある。

「年金の方法により支払を受ける上記保険金（年金受給権）のうち有期定期金債権に当たるものについては、同項1号の規定により、その残存期間に応じ、その残存期間に受けるべき年金の総額に同号所定の割合を乗じて計算した金額が当該年金受給権の価額として相続税の課税対象となるが、この価額は、当該年金受給権の取得の時における時価（同法22条）、すなわち、将来にわたって受け取るべき年金の金額を被相続人死亡時の現在価値に引き直した金額の合計額に相当し、その価額と上記残存期間に受けるべき年金の総額との差額は、当該各年金の上記現在価値をそれぞれ元本とした場合の運用益の合計額に相当するものとして規定されているものと解される。したがって、これらの年金の各支給額のうち上記現在価値に相当する部分は、相続税の課税対象となる経済的価値と同一のものということができ、所得税法9条1項15号により所得税の課税対象とならないものというべきである。」

この文は、読んで直ちに明らかなように、ＤＣＦ法の考え方を前提にしている。ＤＣＦ法（ディスカウンテッド・キャッシュ・フロー・メソッド）とは何かについて念のために説明を加えると、ある資産の価値は、その資産の将来のキャッシュ・フローを現在価値に割り引いたものに等しくなるというものである。

この命題の証明は次のようになる。

即ち「もしそうでなければ、どうなるか」を考える。将来キャッシュ・フローを現在価値に割り引いたものの合計より安い値がついていればそれはその資産を買った方が有利である。また、高い値がついていれば買えば損であるから誰も買わないので売り値を低くしなければ売れない。従って、実際に成立する売買の値段は、ＤＣＦ法によって得られた資産価値に収れんしていく。ＤＣＦ法とはこのように合理的なものである。

移転価格税制の無形資産についての価格算定法について、現在ＯＥＣＤ租税委員会において、ＢＥＰＳのアクション８として議論が進んでいるが、無形資産の評価の方法としてはＤＣＦ法が考えられているのもそのためである。問題は、将来キャッシュ・フローとその割引率のそれぞれの算定に客観的なものがないことであるが、それはここでは措く。

動顛した主税局の取り繕い

最高裁からの引用文は、ＤＣＦ法を念頭においた上で簡単に言えば、将来キャッシュ・フローの割引現在価値の合計である「年金の方法により支払を受ける上記保険金（年金受給権）のうち有期定期金債権に当たるもの」については、相続税の課税対象になるから、所得税を課すことができないと述べたことになるから、爾後の毎年の年金に所得税を課すことはできないこととなるようにも読める。

将来におけるキャッシュ・フローの現在価値については相続税で課税済みであるから所得税は課することができないとされたことを一般化すると、どうなるであろうか。相続で資産（簡単にするためにキャッシュであるとしよう）を得て、その税引き後のキャッシュを全額金融資産に投資して利子・配当の類の果実を得るとする場合を考えてみる。

もともとの相続税課税前の資産はこれらの果実という将来キャッシュ・フローの割引現在価値の合計であるから、もともとの相続税課税前の資産に相続税が課された以上は、得られる果実に所得税を課税することもできないということになる。

このような論理的帰結に主税局は動転した。そこでただちに最高裁判決研究会というものを開催して、著名な租税法学の教授8名を招集して、平成22年10月22日、「最高裁判決研究会」報告書をとりまとめた。そして、最高裁の上記判決の射程は、「相続税法24条によって評価がなされる相続財産に限定される」とした。その表面上の理由は、「最高裁の判決理由が相続税法24条の解釈を軸に展開されていること」というものである。平成22年度第8回税制調査会（11月9日）資料一覧にアップされている。

国税庁は、最高裁の判示に従って還付を行うことに多大の労力を費やした。

2 所得税内部での二重課税問題

次に、所得税の中での二重課税論である。

所得税を課税されたあとの税引き後の所得を投資したとする。資産はなんでもよいのであるが、仮に金融資産であるとする。そうするとその果実として利子・配当が得られる。ところがこの利子・配当には再び所得課税がなされる。投資した所得は一度課税されたものであるのに、その果実にまた所得課税をするのであるとすると二重課税ではないかという疑問が出る。

この点については、ウィリアム・アンドリューズの証明について見たように、キャッシュ・フロー型の支出税の体系を考えると、キャッシュ・フロー型支出税と収益非課税型所得税は等価になるのであるから、むしろ、課税済みの所得を投資にまわして投資収益を得た場合に、「それが所得に対する二重課税になる」という議論の方にむしろ違和感がある。サイモンズ流の$Y=C+\Delta A$を所得であるとする定義を前提とすることとする。そして、第n年に得た所得Y_nについてTの課税がなされて、税引き後のY_n-Tのなにがしかを投資にまわしたとする。当該投資が、当該第n年であれ、翌（n＋1）年以降であれ、投資収益を生めば、それは投資収益を生んだ年におけるAの増分としてΔAになる。同じ年のCとなる場合もあろうが、所得を構成するという結果において同等である。そうするとサイモンズ流の所得の定義を前提とする限りは、課税後の所得を投資にまわして投資収益を生んだ場合であっても、当該投資収益が所得としてカウントされて、これに課税が行われることには何ら論理的整合性に欠けるところはないということになるだろう。

3 「金銭の時間的価値」

さて、ここで寄り道をして「金銭の時間的価値」について若干のコメントをしよう。ファイナンス理論を税法学に応用することを試みる学者の中には、金銭の時間的価値の部分は移転（transfer）であって、付加価値ではないとする者がいる。しかしながら、金銭は時間的経過によって自然に増加するわけではない。他人資本を借りてでも生産過程に使用したい生産者において、金銭の借入に対する需要があり、貸す側（供給側）では貸している間に、当該金銭が自己にもたらすはずの何らかの効用を犠牲にするわけであるから、そこに利子という対価が必要となる。そうすると、これは他人資本という生産要素を提供してその報酬としての利子を得ているという構図になるので、利子は付加価値であって移転（transfer）ではあり得ない。この議論は、利子がその全額において付加価値であることを示すもので、そこに移転の概念を認める必要は全くないということである。このことは、ロビンソン・クルーソーが孤島で1ポンド金貨を保有していた場合に、1年経つと金銭の時間的価値によって、自動的に1ポンド10ペンスになるわけではないことからも明らかである。すなわち、対価を支払ってくれる金銭の借入れ需要者がいないケースを考えることによって、移転ではないことが明らかになる。

同じようにして元本の借入について所得が認識されない理由も説明できる。生産要素を提供してその報酬を得る場合、生産要素本体の提供それだけでは付加価値を生むわけではないから、所得を構成するわけではないということである。生産要素を生産過程に投入してその結果として付加価値が生じ、その報酬として得られるもの（この場合は利子）が所得を構成すると位置付けるわけである。

このように説明することによって、生産要素（労働・土地・他人資本・自己資本）の提供と、かかる提供に伴う報酬（賃金・地代・利子・利潤）についての課税に関して、統一的な説明がなされるようになる。

資本取引などという概念を振り回す必要は、少なくとも経済学的には全くない。

4　所得税と消費税の二重課税問題

引き続いて所得税と消費税の二重課税論をみることにする。

前2項で論じた所得税の内枠での二重課税は、所得税課税後の所得を「投資」した場合のことであったが、ここからは所得税課税後の所得を「消費」した場合を見るわけである。

所得税を課税されたあとで、税引き後のお金を使って消費をすると、今度は消費税が課税されるというのでは二重課税ではないかという議論がある。これを見るのである。

所得税課税後の所得を「投資」して、その投資収益に課税されても批判されるべき二重課税にはならないということについては一応の説明がつけられた。今度の「消費」の場合はどうであろうか。

ここでも、サイモンズの包括的所得税概念を用いる。ここからは極めてテクニカルな議論となるけれども、サイモンズ流の所得概念において、ΔAが経済学上の貯蓄Sに等しいと仮定する。これは経済学的には標準的な思考になるが、法律学的に疑問があると考えるのであれば、単なる仮定程度のことであってそれ以上のものではないというぐらいに思っていてよい。すると、サイモンズの定式は、Ｙ＝Ｃ＋Ｓというマクロ経済学で普通に見る式になる。この等式は、国民所得に関する３面等価の原則における分配所得（間接税と補助金は加減しなければならないがここでは無視する）である。そこで、この国民経済計算上の分配所得概念を使用して所得という概念を定義すると、「所得税の課税対象である所得は、国民経済計算上の分配所得とする」となる。

そうすると、各個人は自己の保有する生産要素（労働、土地、他人資本、自己資本）を提供してその報酬（賃金、地代、利子、及び利潤）を受け取っているというのがマクロ経済学の教えるところであるから、この賃金、地代、利子および利潤が所得であり、所得税の課税標準であるということになる。

所得税法の所得概念が、経済学的にみた所得概念でなければならない必然性などは全くないわけであるが、経済学の理論的帰結は自己完結的に無矛盾で整合的なので、それとの対比において租税法の自己矛盾点が明らかになる場合があり得る。このような方法論を前提とする議論であるに過ぎない。

利潤

個人事業者の場合、自らが、①調達した原材料、②雇用した労働力、③借りた土地、④借りた他人資本――を、生産過程に投入して生産物を生産する。そしてその生産物をマーケットに提供する場合の価格は、（a）原材料の価格に、（b）自らの生産段階において提供された生産要素に対して支払った報酬を加え、最後に（c）自らが受け取るべき利潤を上乗せしたものとする。このように分解することによって、利潤は、個人事業者が提供する自己資本という生産要素に対する報酬という位置付けが理解できる。この場合において、自らの提供する生産要素である⑤自己資本の内容は、自分自身という人的資本（技術者や経営者としての能力）と手持ちの金銭であって、それに対する報酬が利潤であるということになる。

以上の自己資本にかかわる議論について、同じことを少しだけ角度を変えて説明し直すと次のようになる。自らの生産過程にインプットした「原材料のマーケットにおける購入価額」と、自らの生産過程からアウトプットした「生産物のマーケットにおける価額」の「差額」が、当該個人事業者の生産過程において付加された「付加価値」である。それをブレークダウンしてみると、当該生産過程における賃金・地代・利子・利潤の合計額となる。賃金・地代・利子については、それぞれの生産要素の提供者（労働者、地主および債権者）に支払う。利潤については正当な額を自らの収入として収受することになる。ここで正当な額は、ゼロよりは大きい。少なくとも長期的にはそうでなければ、当該個人事業者はビジネスから退出するであろう。正当な額以上の額は超過利潤である。超過利潤は、参入規制がなければやがて消失する。

個人でなく法人の場合には、資本持ち分として、自己資本が生産過程に提供されるわけであるが、同じことである。「資本取引は所得にカウントされない」という会計原則も、実は借入金の場合と同様であって、生産要素の提供そのものは付加価値を生まないから所得を構成しない。そして、その資本提供の報酬としての配当（利潤）が所得であり、配当の受け取りが所得として課税されるということの当り前の表現に過ぎない。会計学では、資本取引と損益取引をアプリオリに分割して考える。しかしながらこれは経済学的に見れば実は不当である。借入金が所得を構成しないことを説明していない。そして何よりも配当の支払いという自己資本の提供に対する対価として受け取るべき当然の報酬である利潤について、自己資本以外の生産要素とは異なる取り扱いをすることになる。このように、会計学における資本取引の整理は、少なくとも経済学的には論理の統一性を欠く。

法人の場合の資本の提供は、他人資本の提供とも自己資本の提供とも解釈することができるのであるが、いずれにしても、これまでのような説明によって統一的な理解ができるので、問題を生じない。

個人にせよ法人にせよ、利子と配当とについて損金算入に関する取り扱いが異なるのは、経済理論的には認めがたい。

この問題は、法人課税の本質論にかかわるところでもあるので次項でも論じる。

利子と配当

さて、配当は税引き後所得からの分配であるという位置づけは古今東西に見られる共通の考え方であるが、生産要素の提供に対する報酬について、法人段階での損金算入の取り扱いが異なることに合理的な理由を見出すことができない。この点は既に述べたとおりである。パス・スルー課税、ペイ・スルー課税が浸透して来ている以上は、配当損金不算入の考え方があってもよいかと思われる。また、バーゼル自己資本規制の関係上、借入金と株式の相違が非常に曖昧になっている現状も無視しがたい。立法例としては、ベルギーなどのACE（エイス）の存在も既に見た。

配当を損金とすれば法人税の納税額をコントロールできるようになってしまう、という議論は、個人所得税と法人所得税の調整がうまくできていないと告白しているようなものであるし、さらに言えば、利子の支払いによるコントロールについても過少資本税制とか過大利子支払い税制が導入されているのが現状である。そうである以上は、配当についてだけ、これによる法人税納税額のコントロールを特別に論じるべきでない。

さて、上記のような生産要素の提供による付加価値の付加とそれに対する報酬という議論を展開していくと、いずれはどこかで所得課税とＶＡＴ／ＧＳＴについての議論との整合性が問われることになるであろう。

石弘光一橋大学名誉教授が、『国家と財政』（２０１４年、東洋経済新報社）で述べているところによると、石先生がシャウプ博士に、「どうして所得型の付加価値税を提案して、消費型の付加価値税としなかったのか」と質問したら、シャウプ博士は「まだ欧州の付加価値税が存在しなかったからで、存在していれば欧州型の消費型付加価値税を提言していた」という答えが返って来たとのことである。フランスの大蔵官僚モーリス・ローレがＶＡＴの仕組みを考案してこれが施されたのは１９５４年であるから、なるほどと思った。

特にシャウプ博士のコメントをよく考えると、所得課税とＶＡＴ／ＧＳＴのような付加価値課税との関係性を一体どのように整理するのであろうか。サイモンズの包括的所得税の構想は、極力、経済学的所得の概念から自らを区別しようとしたものである。しかしながら、そうはいってもサイモンズの定式と国民経済計算における分配所得の概念との間に決定的差があるわけではない。キャピタル・ゲインや相続・贈与の処理を所得課税の内枠で処理するとかしないとかは、立法技術や徴税技術上の問題に解消されるものに過ぎないと説明することも容易である。「所得税と相続税の二重課税問題」としてすでに述べたとおりである。

一方では、消費課税における大前提である「転嫁」は擬制に過ぎないし、他方では個人・法人の所得課税であっても転嫁はあるわけで、かつ帰着まで考えると、現行の所得課税と消費課税の仕組みの成り立ちについて、「どこかで何か辻褄があっていなくはないだろうか」という疑問を禁じ得ない。

あとがき

エヌピー通信社の槌谷享信編集統括・企画部長と常名孝央編集デスクから、『税理士新聞』に「櫻咲く　税界よもやま噺」という題名でコラムを掲載しませんかというお声がけを頂いたので、お受けした。さらに連載を始めてから50回を越えたところで、コラムをまとめたものを書籍化しましょうかというお話も頂いた。それでこの書籍が刊行されることになった。お二方には感謝の言葉もない。

はしがきにも書いたように、日本の税制や租税行政に納得感を持っている納税者は少ないのではないか。何かしらの「わだかまり」があり、「不合理感」があるのではないだろうか。それならば、それを明らかにしてみたらどうかと考えて、つれづれなるままにではなく、必死の形相で取り組んだ。

一貫したテーマは、納税者の側に税制とか税務行政に対するぬぐい難い不信感があるのはどういう理由だ、という探究である。

この連載で「課税庁は税法を理解しているのか」というミニ・シリーズがとりわけ好評であったのもそのためである。今でも、『税理士新聞』の読者から「続きはどうした」という問い合わせをいただいたりもしている。

他方では、納税者が自分とは関係のないことと思って見過ごしていることの中にも、実は納税者に直接・間接に被害を及ぼしているものがある。多国籍企業や富裕層の租税回避は、本来はそれらが支払わなければならない租税を、租税回避をするすべなどは知らない一般庶民の肩にのしかからせている。

租税回避の最もうまいやり方は、国際的租税回避である。国際的租税回避ができるほどの大規模な多国籍企業や富裕層は、自由に国境を越えて租税から免れることができる。それができない一般庶民には使えない方法である。

国際的租税回避の必須のコンポーネントは、言わずと知れたタックス・ヘイブンである。こういう問題も既に2冊の書籍として著わして世に問うて来た。しかしそれで終わらせることなく恒常的に発信して行こうとも思った。自分の国際機関に関与した経歴上、真相に迫る機会が最も多かったのだから、それは使命というべきもののように思われた。

そして、税制を、公平で公正なものとして企画立案することは、最終的な解決方法である。税制の企画立案は、法律、政治、経済などの学際的な領域に属するので、結構難しい議論になる。それを平易に語るということも使命であると思った。

三木義一青山学院大学教授と水野和夫日本大学教授を共同座長と仰いで15年2月に「民間税調」を立ち上げたのもこのような理由による。民間税調の基調報告を、『税理士新聞』用に書き直して掲載したのも同じ理由による。

その中では、日本の税制は所得再分配ということにほとんど全く貢献していないことが明らかにしてある。また、所得税などは、合計所得ベースで1億円を超えると逆進的になることも明らかにした。よく考えて欲しい。日本の所得税は逆進所得税なのである。

そういうことで、本書は税務行政の一線の話題から始まって、国際的租税回避の見地からの論点に及び、さらには、あるべき税制について考える枠組みをも提供する形となっている。

「何かが絶対に変だ」という税の専門家、納税者の疑念に答えるものとなっていることを強く希望している。

二〇一五年八月

志賀　櫻

志《し》賀《が》 櫻《さくら》

1949年東京生まれ。70年司法試験合格。71年東京大学法学部卒業、大蔵省入省、76年熊本国税局宮崎税務署長、91年大蔵省主税局国際租税課長・OECD租税委員会日本国代表・主計局主計官を経て警察庁へ出向し93年岐阜県警察本部長。98年金融監督庁国際担当参事官・FSF日本国代表、バーゼル銀行監督委員会、IOSCO、IAIS、FATFの日本国代表、2000年東京税関長、02年財務省退官、07年国際租税学会（IFA）日本代表、10～12年政府税制調査会納税環境整備小委員会特別委員、15年民間税制調査会の設立に参画。現在、弁護士として数多くの税務訴訟に取り組んでいる。『タックス・ヘイブン』（岩波新書）、『タックス・イーター』（同）など著書多数。

タックス・オブザーバー
――当局は税法を理解しているのか　NP新書001

2015年9月1日　第1刷発行

著　者　志賀 櫻
発行者　会田 宣也
発行所　エヌピー通信社
納税通信　税理士新聞　社長のミカタ　院長のミカタ　OWNER'S LIFE
〒171-8558
東京都豊島区南池袋3丁目8番4号
電　話〔代　表〕03-3971-0111
〔編　集〕03-3971-0113
〔販　売〕03-3971-0114
振　替 00160-0-123949
http://www.np-net.co.jp/
印刷所　モリモト印刷

装幀／佐藤 剛　レイアウト／望月 左枝子　若月 澄子　編集／槌谷 享信

ISBN978-4-900840-53-9 C0233

エヌピー新書　創刊にあたって

納税者によって拠出される「税」は、政治・経済そのものであると同時に、国家の根幹を支えるものであり、さらには企業の存続や人間の生死にまで関わるものだといえます。エヌピー通信社は昭和23年、我が国で申告納税制度が開始されて間もない時期に、「国と納税者の相互理解」を標榜して創刊した『納税通信』を柱に、税の専門情報機関としてさまざまな税の情報を発信してきました。

税は公正かつ公平に集められ、使われるものでなくてはなりません。だからこそ、税の抱える諸問題については、税務当局、職業会計人、そして納税者がそれぞれの立場から堂々と意見を述べ、論点を明確にしながら、一つひとつの課題に向き合い、これを解決していくことがますます肝要となってきました。

エヌピー新書は、税に直接・間接に関わるすべての実務者・研究者が自由闊達に、かつ積極果敢に情報発信できる場として刊行されたものです。

税理士・公認会計士・弁護士などの専門家が実務・研究を通じて得た貴重な体験や成果を発表する場としてはもちろんのこと、税務当局と納税者の相互理解を深める意味から、徴税する行政の立場、あるいは納税する経営者や個人の立場から書かれた著作についても広く収載し、その使命を遂行していきます。

エヌピー通信社　代表取締役　　会田　宣也